ALEGRES
na esperança

Frei Rodrigo de Araújo, OFMCAP

ALEGRES
na esperança

Dados Internacionais de Catalogação na Publicação (CIP)
(Câmara Brasileira do Livro, SP, Brasil)

Araújo, Rodrigo de
  Alegres na esperança / Frei Rodrigo de Araújo. -- São Paulo : Paulinas, 2019. -- (Coleção fonte de vida)

ISBN 978-85-356-4478-4

1. Deus (Cristianismo) - Amor - Meditações 2. Esperança - Meditações 3. Espiritualidade 4. Fé 5. Oração 6. Sabedoria I. Título. II. Série.

18-21604   CDD-248.4

Índice para catálogo sistemático:
1. Esperança : Vida cristã : Cristianismo   248.4

Iolanda Rodrigues Biode - Bibliotecária - CRB-8/10014

1ª edição – 2019

Direção-geral: *Flávia Reginatto*
Editora responsável: *Andréia Schweitzer*
Copidesque: *Ana Cecilia Mari*
Coordenação de revisão: *Marina Mendonça*
Revisão: *Equipe Paulinas*
Gerente de produção: *Felício Calegaro Neto*
Capa e projeto gráfico: *Tiago Filu*
Imagem capa: *Fotolia – @ Mykola Mazuryk*

Nenhuma parte desta obra poderá ser reproduzida ou transmitida por qualquer forma e/ou quaisquer meios (eletrônico ou mecânico, incluindo fotocópia e gravação) ou arquivada em qualquer sistema ou banco de dados sem permissão escrita da Editora. Direitos reservados.

Paulinas
Rua Dona Inácia Uchoa, 62
04110-020 – São Paulo – SP (Brasil)
Tel.: (11) 2125-3500
http://www.paulinas.com.br – editora@paulinas.com.br
Telemarketing e SAC: 0800-7010081
© Pia Sociedade Filhas de São Paulo – São Paulo, 2019

Sumário

Prefácio 9
Alegres na esperança 11
... Foi assim que tudo começou... 13
Introdução 17
Buscando refúgio no Senhor 23
O homem só morre quando ninguém mais se lembra dele 25
Buscando Deus no silêncio do coração 27
Ouvindo a voz do Senhor 30
Um coração que sangra 33
Pensando na morte e buscando o sentido da vida 36
Não chore o passado, viva o presente! 38
Levante os olhos para o Senhor 40
Para tudo há um tempo 42
Dê sentido à sua vida! 47
Quebrando as correntes da escravidão 49
Leveza da alma e do coração 52
Prudência e sabedoria: caminhos a serem trilhados 54
Sede santos 56
A força da palavra 59
O Senhor caminha conosco! 61
Dores e sofrimentos que levam ao crescimento 64
É no silêncio que Deus age 67
Prudência no falar 69
Esperança no Senhor 71

Palavras que edificam...73
Cumpra as promessas feitas diante de Deus..........................75
Feliz é o homem que teme o Senhor.......................................78
Colhemos o que plantamos...80
O que é impossível para os homens, é possível para Deus.......82
Cura pelo perdão..84
A busca da felicidade..86
Indo à luta!...88
O medo bateu à minha porta..89
Armadilhas do dinheiro..92
Corra atrás dos seus sonhos..94
Pensando no futuro...96
Milagres em minha vida..99
Jamais desistir...101
Palavras que fazem milagres...104
Senhor, o que queres que eu faça?..106
Subindo a montanha para rezar..109
Doenças e sofrimentos fazem parte da vida..........................111
Miserere: tende piedade de mim...113
Não julgueis para que não sejais julgados............................115
Confie no Senhor..117
Evangelizar por meio da alegria..119
Milagres do dia a dia...122
Vencendo as tentações da vida..124
Quem não se renova, caminha para a morte........................127
Buscando a unidade na comunidade....................................130
Abra as portas de sua casa e receba as bênçãos do Senhor....132
Que nossa vida seja uma luz...134
Sejamos corajosos e prudentes..136
Não tema! Levante-se e não desista!.....................................139

Sabedoria e prudência 142
Renovar é preciso! 144
O que adianta ganhar o mundo inteiro,
se vier a perder a sua alma? 146
Aquilo que Deus faz bem é amar cada um de nós 149
Não sejamos mal-agradecidos 151
Amar e sofrer 153
Eu sou o que sou pela graça de Deus 155
Faça-se em mim segundo a sua palavra 157
Sejamos corajosos e fortes 159
Necessidade da perseverança 161
Palavras o vento leva 163
Esteja aberto para as mudanças em sua vida 165
Alegrai-vos sempre no Senhor 167
Bem-aventurados os que promovem a paz 169
Ele enxugará toda a lágrima de seus olhos 172
Tudo passa e nós também passamos 174
A tua palavra é luz que ilumina meus passos 176
A desculpa é uma maneira discreta de dizer não! 179
Deus nos modela como um escultor 181
Buscando progredir na fé 183
Fonte da alegria 186
Colaborando com os milagres de Deus 189
Busque a sabedoria que vem de Deus 192
Viver em harmonia 194
Nada se consegue sem sacrifícios 196
Escute a voz de Deus pela oração 198
Levanta-te, tens um longo caminho a percorrer 200
A vida tem fim e finalidade 203
Novos desafios! 206

Prefácio

Ao ser convidado para fazer o prefácio desta obra de Frei Rodrigo, tive um duplo sentimento: *alegria* e *temor*.

Alegria porque para um provincial não há nada melhor que se deparar com realizações positivas dos frades, e este livro é realmente algo muito positivo; *temor* porque escrever um prefácio – do latim, *praefari*, isto é, falar antes – tem como finalidade ser uma janela do conteúdo do livro, pois, por meio dele, os futuros leitores terão acesso ao conteúdo da obra em sua inteireza, em sua síntese. O prefácio é uma janela, uma lente que o leitor colocará sobre seus olhos para aventurar-se no mundo da leitura, portanto, não há como não temer diante de tal responsabilidade.

Esta obra é, antes de tudo, rica por ser o resultado da junção das teorias e pesquisas adquiridas ao longo do tempo por Frei Rodrigo, enquanto mestre de Teologia Dogmática e professor e, também, com sua prática, enquanto pastoralista e confessor. Esse "casamento" deu ao nosso irmão competências para produzir este livro, numa linguagem direta e acessível. Acredito que esta obra seja fruto de uma inquietação, própria de quem deseja ajudar e chegar ao máximo de pessoas possível.

Recomendo a leitura e a reflexão deste livro a todos aqueles que, ao longo de tantos anos, vêm acompanhando as discussões e apresentações destes conteúdos por Frei Rodrigo, através de TV, rádio e pregações. Agora, todos terão a oportunidade de saborear no mesmo lugar, de modo sistemático, esse conteúdo. Recomendo-o, também, aos que buscam um horizonte diferente, aos que desejam olhar sua vida e sua história a partir de um prisma cativante e entusiasmado, atitudes tão comuns do autor.

Aproveito para parabenizar Frei Rodrigo pelo dinamismo e coragem, pois, mesmo diante de tantas atividades, conseguiu se organizar e produzir uma obra com esta riqueza e envergadura.

Não desperdice, leitor, a oportunidade de ler esta obra, não perca esta aventura prazerosa e cativante!

Frei Deusivan Santos
Ministro provincial da Província Capuchinha
Nossa Senhora do Carmo (MA – PA e AP)

Alegres na esperança

Frei Rodrigo, com preparação teológica e prática de governo em sua família religiosa, consegue mergulhar na pastoral para encontrar o seu povo, valorizando o contato humano pessoal, mas também fazendo uso dos meios de comunicação.

O diálogo cotidiano com os ouvintes da rádio e da televisão quer suscitar atenção à escuta da Palavra, que vai iluminando a vida. Os momentos tristes e alegres, as derrotas e os sucessos, são reconduzidos ao projeto amoroso de Deus para com cada um de seus filhos.

Com este livro, Frei Rodrigo partilha um tesouro que vai acumulando diariamente através desse diálogo. No decorrer do dia a dia, é dada a conhecer a Palavra de Deus em forma simples e agradável, capaz de evocar os valores que Jesus nos ensinou e que, muitas vezes, entram em choque com a cultura dominante.

Aqui a Palavra é refletida no coração do pastor e oferecida em migalhas às pessoas que precisam alimentar uma visão cristã da vida. Diante da facilidade de envolvimento em momentos de barulho e de agitação, até em nossas igrejas, temos um convite ao silêncio e à reflexão.

Aqui ecoa a mensagem do Papa Francisco, não somente no título da obra, mas no contínuo apelar para esta atitude: alegria experimentada como dom na escuta da voz de Deus no Evangelho e alimentada no compromisso de amor aos irmãos.

"Bom é esperar em silêncio a salvação do Senhor" (Lm 3,26).

Dom Carlos Verzeletti
Bispo da Diocese de Castanhal – PA

... Foi assim que tudo começou...

Estamos sempre vivendo em função do tempo e dependemos dele: passado, presente e futuro; só Deus está além do tempo cronológico, porque é eterno e está sempre presente.

Do nascer ao pôr do sol, vivemos sempre situados nesses três momentos cronológicos. São eles que nos acompanham e dão ritmo à vida. Mesmo vivendo o tempo presente, seja ele agradável ou não, sempre nos deparamos com o passado e o futuro. O passado nos levou ao presente, e o presente nos impulsiona para o futuro. É dentro dessa situação temporal que nos realizamos ou nos frustramos.

Viver um novo tempo, recomeçar tudo novamente, mudar de lugar ou função, isso quase sempre nos assusta. Mas não podemos fugir dessa realidade cheia de mudanças em nossa vida. Parece que foi ontem que dei início a um novo momento em minha vida e, num piscar de olhos, ao acordar, já se tinham passado seis anos. Agora estava ali, desafiado a recomeçar algo completamente diferente, com função e lugar que não estavam nos meus planos. "Os meus pensamentos não são os teus pensamentos, os teus projetos não são os meus projetos", diz o Senhor. Iniciava-se um novo tempo em minha vida e na vida da paróquia de Nossa Senhora do Perpétuo Socorro, em Capanema, no Estado do Pará. Estava ali pela minha fé, porque confiava que esse era o projeto de Deus para mim naquele momento específico de minha vida.

Entre os anos de 2006 a 2011, estive à frente da província capuchinha Nossa Senhora do Carmo, como ministro provincial. Durante esse tempo, fiz inúmeras viagens nacionais e internacionais para participar de encontros e animar os frades. Cada viagem que fiz tinha seus objetivos e, é claro, não faltaram preocupações de acordo com os compromissos assumidos. Depois da eleição do meu sucessor, tive alguns dias de férias com minha família em Brasília, no Distrito Federal. Foi ao lado dos meus familiares que recebi a notícia e o comunicado oficial de que deveria assumir a paróquia de Capanema.

Desde aquele comunicado, passei a ter outras preocupações bem diferentes daquelas que me acompanharam durante os seis anos como provincial. Cheguei até a ter sonhos e pesadelos sobre esse novo serviço que iria começar. Foi com esses pensamentos que, no dia 30 de janeiro de 2012, parti de Brasília rumo à cidade onde eu desenvolveria mais um trabalho como servo de Deus, frente ao povo daquele lugar.

Olhar pela janela de um avião e passar horas e horas pensando sobre o meu próximo compromisso tinha virado algo rotineiro em minha vida, nos últimos anos. Mas essa viagem de Brasília em direção a Capanema foi algo novo. Enquanto olhava as nuvens que passavam pela janela do avião, meu pensamento também voava, e acho que cheguei a Capanema bem mais cedo que meu corpo.

O que vou encontrar? O que vou fazer? O que Deus tem para mim nessa cidade? E o povo de Deus, como vai me aceitar? Como melhor servir esse povo que foi agora a mim confiado? Essas e muitas outras perguntas passaram pela minha mente durante a viagem, enquanto olhava as nuvens e o infinito pela janela do avião que me levava agora para um novo momento em minha vida.

Todo começo tem suas surpresas e comigo não foi diferente. Tinha combinado com o meu antecessor na paróquia que ele iria buscar-me no aeroporto em Belém e que, de carro, iríamos até Capanema. Cheguei às 11h15 e qual não foi a minha primeira surpresa: procurei o irmão que deveria estar esperando-me e não o encontrei. Logo imaginei que Deus tinha muitas surpresas para mim!

Comecei a pensar no que fazer, já que não havia ninguém me esperando. Menos de cinco minutos depois, o irmão chegou e acalmei minha mente que já elaborava uma nova saída. Foram apenas cinco minutos que me levaram a fazer uma oração: "Que tudo seja feito conforme a tua vontade, Senhor". Depois do abraço e de um café, iniciamos a nossa viagem para Capanema, mais de duas horas de estrada. Durante todo esse tempo, conversamos sobre a paróquia e seus desafios. Confesso que alguns dos assuntos me preocuparam, outros me deixaram bastante animado. E foi assim que cheguei no dia 30 de janeiro de 2012, às 14h, para o início de uma nova etapa, agora na cidade de Capanema, no Estado do Pará.

Os meses foram se passando, os contatos se intensificando. Medos e incertezas começaram a desaparecer.

Então, comecei a sentir um bom calor humano por parte dos paroquianos, ou seja, estava bem e me sentido bem acolhido, podia até dizer que estava de fato me sentindo verdadeiramente em casa.

Era tempo de recomeçar e dizer a Deus: "Aqui estou, Senhor, com minhas fragilidades e defeitos, e confio na tua proteção, portanto, que neste novo momento em minha vida tudo seja feito conforme tua vontade".

Introdução

"Sempre fizemos assim." "... É assim mesmo." Não existem expressões que me causem mais indignação do que estas. Admitir que a vida é como é e que nada pode ser mudado é de uma incoerência absurda. No exercício de meu ministério, esses pensamentos e atitudes sempre me foram causa de questionamentos. São ideias estabelecidas que podem transparecer tudo, menos a verdade.

Respeito as tradições, mas não me conformo com aquelas que levam ao engessamento de indivíduos ou de lideranças, a ponto de só se sentirem seguros dentro de determinado campo, onde tudo é regido pelo "sempre fizemos assim", encarando o mundo à sua volta de maneira medíocre. Não posso aceitar que tais atitudes interfiram na minha vida e no meu ministério. Acredito muito na capacidade humana de transformar sonhos em realidades e, ao longo de meu ministério, pude constatar campos férteis nas diversas áreas que me foram confiadas. E, através dessas realidades, pude registrar uma marca própria que me acompanha desde muito tempo, que é buscar mudanças respeitando as realidades e as culturas alheias, sem medo do novo, trilhando caminhos que, muitas vezes, parecem assustadores, mas que no fundo são maneiras diferentes de encarar a vida e as tarefas com positividade, esperança e muita fé em Deus.

Digo sempre: é preciso ter coragem para agir diferente dos modelos já existentes, coragem de questionar regras estabelecidas pelo tempo que causam reação diante de quaisquer gestos que não se encaixem dentro do estabelecido da sociedade ou da instituição. A busca da verdade e de outros caminhos para chegar aonde queremos é, para mim, a forma justa de encarar a vida. Quem acredita nisso, não se pode omitir diante de algumas realidades que parecem seguir um ritual já preestabelecido, com todas as suas fórmulas. A coragem, enfim, é o principal combustível da nobreza de espírito.

Pensando na vida e no meu ministério, em suas alegrias e tristezas, hoje posso dizer que não se organizam os acontecimentos mais importantes da vida, eles simplesmente vêm ao nosso encontro. Outro dia, olhando uma foto daquelas que o Facebook nos manda para recordar algo que publicamos em anos anteriores, fiquei a imaginar o que exatamente eu pensava no momento em que aquela foto fora tirada e, em lugar de ser transportado para o passado, ela me trouxe para o presente, para o momento em que estou vivendo agora, quatro anos depois. É a vida que vem com suas surpresas e com o inesperado. Imprevisíveis foram as mudanças, acontecimentos que mudaram minha vida e até mesmo a minha maneira de encará-las. Diante do inesperado e do passado, pergunto-me: o que realmente é importante? O que ficará e o que poderá ser esquecido? Sabemos pela ciência que o nosso cérebro sabe esquecer dados e fatos que não serão mais usados. Mas tudo aquilo que está guardado em nosso coração nunca há de se perder. A vida é marcada por vários acontecimentos, palavras e gestos, que, depois de anos, recordamos em detalhes. Muitas coisas vão fugir da memória, mas não aquilo que ficou gravado no coração.

Um dos aspectos mais fascinantes e inspiradores, no exercício de meu ministério, são as mudanças que acontecem. Somos transferidos para outros lugares e, dependendo da função que vamos exercer, nos deparamos com novas realidades, atividades e responsabilidades. Para alguns, a "carta obediencial", mesmo fazendo parte da vida que escolheram, traz medo e insegurança. Toda mudança assusta. Esta é uma realidade constante em minha vida, que cheguei a registrar com publicações, a partir do local e do serviço: estudante em Roma com uma publicação teológica, professor em Belém com um texto teológico-catequético, pároco em Imperatriz com várias publicações espirituais e pastorais e, como ministro provincial em São Luís, algumas reflexões sobre a vida religiosa. Vivi com intensidade todas essas transformações e procurei dar o que tinha de melhor. Hoje, olhando para trás, penso que, em alguns momentos isso tudo poderia ter sido menos intenso; as alegrias, vitórias e sofrimentos foram me moldando ao longo dos anos e me fizeram buscar novas maneiras de agir no exercício de meu ministério. "Tudo vale a pena quando a alma não é pequena!", dizia Fernando Pessoa.

Grandes mudanças aconteceram em minha vida e me deixaram marcas. Em janeiro de 2012, recebi a incumbência de iniciar uma nova etapa em minha vida: ser pároco em

Capanema, no Estado do Pará. Já conhecia um pouco a cidade e a realidade da paróquia, mas por meio de relatos e experiências de outros frades que ali estiveram e trabalharam. Uma coisa é ouvir dizer, outra é estar inserido nessa nova realidade. Cheguei cheio de ideias e entusiasmo. Com o passar do tempo, fui conhecendo a realidade e me deparando com os desafios, sendo o maior deles a assistência pastoral às numerosas comunidades. Além das comunidades que precisavam de assistência mais direta, havia também outros desafios de cunho social-administrativo, dentre os quais a TV Mãe de Deus, a Rádio Antena C, a Livraria e o Abrigo dos Idosos. Nossa! Diante de tantos desafios, a primeira reação foi de desânimo. Havia dois caminhos a seguir: resignar-me e reconhecer que seria impossível enfrentar tantos desafios e me acomodar atrás de desculpas para não fazer nem buscar nada, ou procurar saídas com novas propostas. Escolhi o caminho de não me resignar e arregaçar as mangas buscando saídas como a valorização dos leigos e o aumento dos colaboradores. Contava com os frades da fraternidade e com cinco diáconos permanentes. O número de colaboradores era insuficiente diante de tantos trabalhos a serem realizados, como: atendimento às comunidades, acompanhamento das pastorais e assessoramento dos movimentos.

Novas iniciativas vão surgindo a partir das necessidades. Lentamente fui descobrindo maneiras e, aos poucos, novos colaboradores começaram a aparecer. Aquilo que antes parecia impossível foi se tornando possível, e os colaboradores passaram a ser aliados. Procuramos priorizar o que era mais importante no momento, como a reestruturação do atendimento das comunidades urbanas e rurais. Para que a reestruturação funcionasse, demos prioridade à formação dos diáconos permanentes e ministros da Palavra. Durante essa formação, percebi uma grande oportunidade de melhor usar a Rádio e a TV, que estavam à disposição da Igreja e eram utilizadas apenas como repetidoras. Reformamos a rádio, criamos programas locais para a TV e organizamos a livraria, colocando à disposição dos paroquianos mais produtos de cunho religioso-formativo. O melhor de tudo foi que conseguimos colocar todos esses projetos em um mesmo complexo. E, assim, facilitamos a comunicação de uma maneira geral, criando um canal aberto entre a paróquia e a cidade. Hoje, a TV Mãe de Deus possui vários programas locais e contamos ainda com a transmissão da missa todos os domingos e terças-feiras às 19h. Podemos afirmar que os objetivos foram alcançados e que os meios de comunicação disponíveis na paróquia estão sendo uma força a mais para a evangelização.

As atividades são inúmeras, mas contamos com a ajuda e o envolvimento das várias lideranças paroquiais, que vêm prestando um serviço muito eficiente na evangelização e na paróquia. Para melhor comunicação com os fiéis e a cidade, apresento um programa diário na TV Mãe de Deus e outro semanal de uma hora na Rádio Antena C. O programa de TV se chama "Alegres na Esperança" e, além de ser transmitido na TV Mãe de Deus, é também exibido em outra emissora da cidade. O programa de rádio é transmitido para mais duas rádios. Ambos os programas são reflexivos e representam um canal direto de comunicação entre o pároco, as comunidades e a sociedade em geral.

O programa "Alegre na Esperança" traz uma reflexão diária de aproximadamente seis a oito minutos. Neste livro você vai encontrar alguns apontamentos que serviram como base de minhas reflexões, que, ao longo dos anos, foram exibidas no programa. Não são reflexões teológicas, mas têm como objetivo ajudá-los na caminhada de fé da Igreja e nas relações sociais e familiares.

Na nossa caminhada de fé, a oração e as reflexões espirituais podem nos oferecer oportunidades maravilhosas de administrar nossos problemas, nossas dificuldades, para aprender a superá-los. Muitas vezes, ficamos tão estressados que vemos ameaças onde não existem. Nesta obra, encontraremos reflexões que nos ajudarão a encontrar a paz que estamos buscando e, também, a viver uma vida mais confiante e abençoada.

As reflexões aqui contidas não precisam ser lidas de uma única vez, mas podem, sim, ser usadas a qualquer momento ou em qualquer lugar. Através do sumário, é possível procurar, de acordo com a situação vivida, a mensagem que melhor corresponde à dificuldade enfrentada e lê-la! Sempre iniciamos com um texto bíblico, uma reflexão e alguns questionamentos. O importante é ter a consciência de que precisamos voltar para Deus, que é a nossa rocha, a nossa fortaleza e o nosso salvador. Nos momentos difíceis da vida, podemos recordar o que Jesus disse: "Filha, a tua fé te salvou. Vai em paz e fica curada desse sofrimento" (Mc 5,34).

Buscando refúgio no Senhor

Naqueles dias, a rainha Ester, temendo o perigo de morte que se aproximava, buscou refúgio no Senhor. Prostrou-se por terra desde a manhã até o anoitecer (Est 4,17).

O homem só mostra a sua grandeza quando reconhece a sua pequenez diante de Deus. O homem, independentemente de sua cor, raça ou status social, em sua caminhada passa por momentos que o levam a profundas angústias. O que é necessário ser feito quando nos sentimos assim? Muitos, na busca por soluções para seus problemas, criam expectativas enganosas que caem por terra e os deixam, muitas vezes, mais angustiados, tristes e depressivos.

A citação bíblica de Ester 4,17 que estamos trazendo para a nossa reflexão, pretende ajudar a descobrir que caminhos trilhar diante dos perigos que abalam a vida pessoal, quer seja na família, quer seja no trabalho. A rainha Ester, percebendo o perigo e as ameaças ao seu povo, dobra os joelhos diante de Deus e busca refúgio no Senhor.

Diante dos perigos da vida, não percamos tempo na busca por fórmulas mágicas para resolvermos os nossos problemas. Aqui temos um modelo a ser seguido e uma atitude a ser tomada: como a rainha Ester que dobrou os joelhos diante de Deus e clamou por socorro, assim também nós, diante dos desafios da vida, devemos depositar a nossa confiança no Senhor, que é santo e puro, nos ama, conhece nossa vida por completo e sabe de todos os nossos sonhos e desejos mais secretos. Assim, teremos a sua proteção da mesma forma que Ester e o seu povo tiveram, sendo abençoados abundantemente.

O encontro com o Senhor pode acontecer em duas esferas: particular e comunitária. Não se esqueça de reservar um tempo para o seu momento pessoal com Deus, de participar em sua comunidade das celebrações e dos momentos de orações. São nestes momentos que reservamos ao Senhor que desfrutamos de maior intimidade ao seu lado e de forte comunhão com os irmãos.

Concluindo esta reflexão, fica aqui um apelo a todos, partindo do seguinte pensamento: "Domingo sem missa é um domingo sem Deus!". Participem, em sua comunidade, pelo menos das celebrações de domingo. Nelas vocês encontrarão os seus irmãos e o Cristo ressuscitado.

O homem só morre quando ninguém mais se lembra dele

O justo jamais será abalado;
para sempre se lembrarão dele.
Não temerá más notícias;
seu coração está firme,
confiante no Senhor (Sl 112,6-7).

A Bíblia afirma que, para não sermos esquecidos, é necessário sermos justos. Portanto, a pergunta que faço é: como você gostaria de ser lembrado quando a morte bater à sua porta? Seria como um homem que deixou muito dinheiro para a família? Um homem que viveu só de enganação? Ou como um homem bom, justo e caridoso? Enfim, de que maneira você quer ser lembrado, ou será que nada disso importa?

Estive em Jerusalém e tive a oportunidade de visitar um cemitério judaico. Uma das coisas que me chamou a atenção foi verificar que os judeus vão ao cemitério para depositar pequenas pedras nas lajes dos túmulos de seus entes queridos, ao invés de flores. Você sabe por que fazem isso? Segundo eles, as pedras não murcham como as flores. E, assim, eles podem expressar o seu amor eterno aos seus entes queridos, significando: "Enquanto existir esta pedra, lembrar-me-ei de você"!

Mesmo professando uma fé diferente, gostei imensamente dessa forma de eles manifestarem amor aos seus entes queridos. Então, quero viver bem os dias que me restam na terra e, quando chegar a hora da minha morte, gostaria de ser lembrado pelas obras realizadas em favor dos irmãos e da minha comunidade. Assim, serei lembrado para sempre, não pelos bens materiais que deixarei, mas pelas minhas ações.

Eclesiástico 44,10-15 diz: "Estes são homens de misericórdia, seus gestos de bondade não serão esquecidos". Não é sua riqueza que irá fazer com que as pessoas recordem de você, mas sim seus gestos de bondades que não serão esquecidos, mas permanecerão com seus descendentes. Seus filhos e netos são suas melhores heranças. Seu corpo será sepultado na paz e seu nome durará através das gerações.

Se um homem só morre de verdade quando ninguém se lembra mais dele, construamos, então, a nossa história sobre gestos de misericórdia e bondade. Que a presença de Deus cresça sempre mais em nossa vida, para que nunca sejamos esquecidos por nossos parentes e amigos.

Buscando Deus no silêncio do coração

*Sobre os vossos preceitos meditarei,
e considerarei vossos caminhos.
Hei de deleitar-me em vossas leis;
jamais esquecerei vossas palavras (Sl 118,15-16).*

"Sobre vossos preceitos meditarei." O salmista diz que é sobre a lei do Senhor que ele vai refletir, vai parar para pensar e vai fazer silêncio. Hoje em dia praticamente não se costuma mais refletir, meditar, pensar e dar uma pausa naquelas coisas em que estamos envolvidos no nosso dia a dia.

A sensação que tenho é de que as pessoas têm medo do silêncio, de parar para refletir. É muito comum, por exemplo, encontrarmos pessoas nas grandes cidades, nos metrôs, ônibus e aviões, usando fone de ouvido, totalmente desligadas do mundo que as cercam. Assim, ainda que estejam sentadas a seu lado, não conversam com você. Estão sempre ouvindo alguma coisa, como se o silêncio as incomodasse. Mas isso não acontece só nas grandes cidades, nas pequenas também já se percebe essa aglomeração de pessoas alheias ao silêncio. As pessoas parecem não gostar de refletir.

Observo que muitas vezes, na igreja, quando se inicia uma reflexão, algumas pessoas até prestam atenção, participam atentamente, mas, logo depois, se desligam. Parecem não conseguir acompanhar o momento e começam a ficar inquietas. Mas, se tem música, agitação e uma série de outros estímulos, as pessoas se envolvem mais. É notório que temos medo do silêncio e da reflexão.

A Palavra de Deus nos diz o seguinte: "Vou meditar os teus preceitos e considerar os teus caminhos", mas isso só é possível a partir do silêncio, da reflexão, que é o caminho para encontrar a vontade de Deus em nossa vida.

O mundo é cheio de barulho, o que nos atordoa e nos priva do silêncio indispensável a nossa reflexão. Se não pararmos para refletir, viveremos atordoados. Existem pessoas que parecem viver em um turbilhão de conflitos e preocupações, transformando sua vida e a dos outros em um mar de lamúrias. Por isso, podemos afirmar, para essas pessoas, que o silêncio do coração as levará a um encontro consigo mesmas e com Deus, e só aí poderão encontrar a paz tão desejada.

Às vezes, observo na igreja que algumas pessoas ficam de joelhos diante do Santíssimo fazendo suas orações. Esse momento de meditação, posso dizer, faz um grande bem para alma e para o espírito.

Não queira tornar-se vítima da vertigem da velocidade nem da loucura da precipitação, que é o terrível mal de nossos dias. Reserve um minuto para Deus, reserve um momento de silêncio para ele. Você não está sozinho, ele está contigo. Imagine o mundo inteiro ocupado e Deus disponível para ouvir você, para saber o motivo de sua alegria ou de sua tristeza. Deus é bom! Deus é maravilhoso! E ele pode, através do silêncio e da meditação, transformar a sua vida.

Quanto mais próximos ficarmos de Deus, mais nos assemelharemos a ele. Quanto mais pensarmos em Deus e refletirmos sobre ele, mais nos encontraremos com nós mesmos e, assim, vamos adquirindo serenidade. Portanto, não se deixe manipular por tantos e tantos barulhos e frenesis. Reserve um tempo para você, faça um momento de silêncio, quer seja no seu quarto, na igreja, ou em qualquer outro local em que esteja. O importante é arrumar esse tempo para você.

Leia a Palavra Deus, pare por um momento e reflita, faça silêncio e escute a voz de Deus que tem alguma coisa para dizer a você. Nesse turbilhão de barulhos em que está envolvido, através de fone de ouvido, da televisão e de uma série de atividades, como você pode ouvir a própria voz da consciência ou de Deus? Portanto, reflita e busque os caminhos do Senhor. Que Deus Pai possa ajudar você na busca do silêncio e a ir ao encontro dele.

Ouvindo a voz do Senhor

*A Palavra do Senhor foi dirigida
pela segunda vez a Jonas nestes termos:
"Vai a Nínive, a grande cidade,
e faz-lhe conhecer a mensagem que te ordenei" (Jn 3,1).*

A Palavra de Deus foi dirigida pela segunda vez a Jonas, ou seja, a Palavra do Senhor já tinha sido dirigida a ele em outra ocasião. E o que aconteceu nessa primeira vez? Por que o Senhor teve que chamar Jonas novamente? O Senhor o chamou e ordenou que ele fosse pregar a Palavra na cidade de Nínive. Jonas ficou com medo e fugiu de Deus, virando-lhe as costas.

Depois da resposta negativa ao chamado de Deus, Jonas passou por uma verdadeira turbulência: embarcou em um navio com ondas agitadas e foi jogado ao mar. Passou três dias no ventre de uma baleia. Veja só a tragédia que aconteceu na vida dele por não ter obedecido ao Senhor. Verdadeiras tormentas aconteceram na sua vida, porque o Senhor lhe mostrou uma direção e Jonas não lhe ouviu, terminando por enfrentar as ondas e as agitações do mar.

Compartilhando o primeiro pensamento, se você não ouvir a voz do Senhor e não seguir seus ensinamentos, corre o risco de viver o que se deu com Jonas: passar por um grande tormento. A Palavra do Senhor foi dirigida a

Jonas pela segunda vez: "Vai a Nínive, a grande cidade, e faz-lhe conhecer a mensagem que te ordenei". O profeta desta vez obedece à voz do Senhor e põe-se a caminho de Nínive, conforme a ordem do Senhor. Veja que a reação de Jonas na segunda vez é completamente diferente. Ele deve ter feito a seguinte reflexão: "Eu não obedeci ao Senhor e veja o que aconteceu em minha vida, eu cheguei ao fundo do poço".

Quando o Senhor se dirigiu a Jonas pela segunda vez, ele obedeceu conforme o Senhor havia dito. Pregou a Palavra na cidade de Nínive e Deus fez verdadeiras maravilhas através dele. Deus derramou bênçãos por onde Jonas passou e aquela cidade se converteu a partir de sua pregação.

Prestemos atenção, aqui, nos dois posicionamentos de Jonas perante o mandado de Deus: da primeira vez, ele virou as costas para o Senhor e passou por muitas confusões e tormentos na sua vida, chegando até o fundo do poço, a ponto de passar três dias na barriga de uma baleia; na segunda vez, ele ouviu a voz do Senhor e obedeceu conforme lhe foi ordenado. E aí Deus fez maravilhas, derramou bênçãos em sua vida e na vida de muitas pessoas.

Não podemos lembrar apenas a figura de Jonas, mas vamos trazer para a nossa realidade este exemplo de vida. Assim como o Senhor se dirigiu a Jonas, ele também se dirigirá a você com um chamado especial.

Lembre-se da Palavra de Deus em João 15,5, que diz: "(...) sem mim nada podes fazer (...)", sem Deus não vamos a lugar nenhum. Quando o homem se distancia de Deus e o tira da sua vida, da sua família e do seu trabalho, deve preparar-se, porque com certeza vão acontecer muitos e muitos tormentos. Mas, se buscar o Senhor, obedecendo a ele, trilhando seus caminhos, com certeza, receberá bênçãos na sua vida pessoal, na sua família e no seu trabalho.

Então, pense bem sobre isso, não feche os olhos nem vire as costas para o Senhor. Você deve estar se perguntando: "Quando é que o Senhor vai falar comigo?". Não podemos esquecer-nos de que todos os dias o Senhor fala com cada um de nós. Talvez ele esteja chegando neste momento a sua casa, chamando atenção e alertando que você precisa mudar sua vida e ouvir a voz dele, que está em seu coração. Pergunto agora: qual foi a última vez que você buscou o Senhor? Que foi à igreja? Que dobrou os joelhos e rezou?

Que Deus Pai Todo-Poderoso possa iluminar você e lhe dar a sabedoria de ouvir a sua voz e seguir os seus caminhos. Com certeza, Deus tem muitas bênçãos para você e para sua família.

Um coração que sangra

*Ensina-nos a contar os nossos dias
para que o nosso coração alcance sabedoria (Sl 90,12).*

A vida já foi cantada, poetizada e parafraseada por muitos artistas. A vida é um poema, mas, antes de tudo, é um grande presente de Deus. E se a vida é um presente, ela é bela. Só isso é mais do que suficiente para agradecermos a Deus, o grande criador da vida. A vida me agracia com o aconchego de uma família, com a fidelidade dos amigos, com o abraço e o sorriso daqueles que me são preciosos.

A vida é o maior tesouro que o homem pode ter, é dom, é alegria, mas também é dor e sofrimento. Há dores passageiras e dores que marcam a nossa existência, que ficam guardadas no fundo de nossa alma, e que ninguém sabe. Estava no meu escritório e, ao levantar-me, bati com a perna no canto da mesa. Senti uma dor fina, que doeu até no meu coração. A secretária então me perguntou: "Frei, o que foi? O senhor está sentindo alguma coisa?". Eu lhe respondi: "Essa dor logo passará, pois não é tão grande quanto a dor de uma traição, que dói lá dentro da alma, dói tanto que não se consegue dormir. Prefiro bater mil vezes a minha perna no canto dessa mesa do que ser traído por alguém".

No período em que fazia faculdade, conheci um amigo que publicou um livro com o seguinte título: *Todos temos um coração que sangra e que dói*. A vida é um bem muito precioso e valioso, mas ela tem seus altos e baixos. Cada pessoa tem sua dor, tem um coração que muitas vezes dói e sangra, sem que ninguém saiba, por se tratar de algo que se carrega lá dentro da alma. São dores que ficam guardadas, que não podem ser compartilhadas com ninguém. Sabemos que elas doem e, por mais que queiramos abafá-las, não conseguimos. E é sobre essa dor que ninguém sabe, mas que existe e que está sangrando e latejando dentro de cada um nós, a nossa reflexão.

A Palavra de Deus em Jeremias 30,15 diz: "Por que choras sobre tua ferida? Por que incurável é tua dor?". Muitas vezes essa dor que está dentro de você, pela qual chora, não é ouvida pelas outras pessoas, por ser um choro silencioso, só seu e que não se pode compartilhar. Já ouvi algumas pessoas dizendo: "Como eu gostaria de chorar, de gritar, mas esta dor está engasgada dentro do meu peito". A Palavra diz exatamente isso: "Por que tu choras? Por que tu gritas? Por que as lágrimas? Por que sangras dentro de ti?". Podemos até lamentar algumas dores com alguém, mas essa dor que dói lá dentro ninguém conhece. O único que sabe dos nossos sofrimentos mais íntimos é Deus. E é para os seus braços que vamos correr e dizer: "Senhor, vem me curar dessa dor que não consigo sequer compartilhar com alguém e que há anos trago comigo".

O Evangelho de Mateus 14,24 nos fala de uma situação difícil em que se encontravam os discípulos no momento em que estavam dentro da barca, "a barca era agitada pelas ondas, pois o vento era contrário". Quem de nós já não passou por alguma situação de perigo na embarcação da vida?

A vida é bela, mas ela tem seus altos e baixos. Às vezes, dependendo da situação, o vento pode soprar a nosso favor ou contra nós. Isso é a vida! Nem sempre tudo é calmaria. Porém, quando o barco da vida parece querer nos derrubar, devemos lembrar-nos do que nos diz Jesus: "Coragem, sou eu, não tenhas medo, eu estou contigo". Confie no Senhor, entregue a ele todas as suas angústias mais íntimas, pois ele ajudará você a superá-las. Eleve sua oração ao Senhor e diga: "Salva-me, Senhor, pois estou afundando". Não tenha dúvida, pois o Senhor virá em seu socorro e dirá o que disse a Pedro: "Sou eu, não tenhas medo!". Viva sua vida, pois ela é o presente mais precioso que Deus poderia dar a você.

Pensando na morte e buscando o sentido da vida

Põe em ordem a tua casa,
porque vais morrer, não escaparás (Is 38,1).

O profeta Isaías se apresenta perante o rei Exéquias e lhe faz este comunicado: "Põe em ordem a tua casa, porque vais morrer" (Is 38,1). Um comunicado desses apanha qualquer um de surpresa. Já pensou se fosse você que recebesse um recado assim de Deus? Como reagiria? O que precisaria ser arrumado em sua vida para partir em paz? Ou você imagina que em sua vida as coisas estão às mil maravilhas e que nada precisa ser organizado? Será que, antes de você partir, não precisaria arrumar um substituto na sua empresa? Beijar os seus filhos pela última vez? Dizer para seu/sua esposo/a que você o/a ama? Ir à igreja e se colocar diante de Deus para pedir perdão pelos seus pecados?

"Vigiai, pois, porque não sabeis o dia nem a hora em que o Filho do Homem há de vir" (cf. Mt 25,13). Conheço a história de um santo francês que, na sua juventude, estava se divertindo com seus amigos de infância, jogando bola, quando alguém lhe fez a seguinte pergunta: "Se um anjo descesse neste momento e dissesse que iria morrer amanhã, o que você faria?". Ele parou um momento, pensou e disse: "Continuaria jogando bola, porque não estou fazendo nada de errado. Estou de bem com Deus!".

E você, será que está de bem com Deus? Este versículo nos abre para uma reflexão sobre a nossa vida, nossos objetivos, sobre como estamos nos tratando e tratando o nosso próximo. Ele nos faz pensar se estamos aproveitando as oportunidades que Deus oferece de nos aproximarmos dele, ou se estamos indiferentes e distantes da sua Palavra.

"Põe em ordem a tua casa, porque vais morrer." Este versículo deveria estar sempre bem visível em algum canto de nossa casa, para nos lembrarmos de que tudo na vida passa e que nós também passamos. Viva e aproveite a vida como se fosse o último dia, pois é pensando na morte que o homem encontra sentido em viver.

Não chore o passado, viva o presente!

O Senhor disse-lhe: "Até quando ficarás chorando por causa de Saul, se eu mesmo o rejeitei?" (1Sm 16,1).

Vivemos no tempo presente, mas, antes deste tempo, existiu o passado e depois virá o futuro. Nós precisamos aprender a viver com intensidade o tempo que Deus nos oferece. Louvado seja Deus porque temos uma história, porque temos acontecimentos que marcaram as nossas vidas, porque estamos aqui, vivendo este momento, tendo esperança no futuro.

O que nos chama atenção é que algumas pessoas não conseguem viver o presente nem se projetar para o futuro, porque vivem eternamente agarradas ao passado. Esse é o grande perigo. Muitas vezes não conseguem perdoar a si mesmas pelas coisas que fizeram e vivem atreladas às mágoas e às recordações ruins.

Dê uma olhada na sua própria vida, na sua própria história. Levante a sua cabeça e viva o presente com intensidade, sonhe com o futuro e busque construí-lo. Procure emergir do passado, construir no presente e renascer para o futuro. Viver atrelado ao passado não faz bem a ninguém.

Os erros por nós cometidos devem servir para o aprimoramento de aprendizagens em novas situações. Quanto aos erros dos outros, evitemos apontá-los como objeto de diminuição do irmão, melhor será usá-los como espelho para reflexão das nossas atitudes.

Cada um de nós tem uma história. É salutar que todos façam algo para se libertar de erros e injustiças vivenciadas. Viver no passado é abdicar do presente, privando-se do direito de se projetar para o futuro.

Existe uma série de coisas das quais precisamos nos libertar. O texto de nossa reflexão, 1 Samuel 16,1, diz: "Até quando ficarás chorando por causa de Saul, se eu mesmo o rejeitei para que não seja mais rei de Israel?". Apesar de existirem coisas que insistem em nos marcar para sempre, é preciso que lutemos para nos libertar. Lembro-me, por exemplo, de que, quando jovem, sofri um acidente de carro que me deixou marcas: a minha mão foi costurada, a minha cabeça recebeu alguns pontos. Essa é uma história do passado que me deixou sinais visíveis, porém, sei que é sábia a atitude de me desvencilhar do passado e viver intensamente o presente. Os tormentos vividos não podem ofuscar o brilho, a tranquilidade e serenidade do bem viver.

Existem recordações que nem valem a pena ser revividas. Para quê, se só trazem mais mágoas e sofrimentos? Aproveitemos os acontecimentos do passado para construir bem no presente os alicerces necessários para um futuro que há de vir, pois, apesar das vicissitudes, os sonhos e as lutas por dias melhores precisam prevalecer. Louvado seja Deus pelo passado, presente e futuro.

Levante os olhos para o Senhor

Levantai os olhos para o céu e vede (Is 40,26).

Há momentos na vida em que nos sentimos completamente desanimados, com a autoestima baixa. Certas coisas que acontecem nos deixam tão desmotivados, que mal conseguimos disfarçar. E ficamos sem ânimo, sem a alegria própria da vida.

"Levantai os olhos para o céu e vede." O Senhor quer nos dizer que, nas situações de desânimo, não vale a pena ficar recordando, lamentando e chorando sem a coragem de se levantar, de erguer a cabeça e lutar contra aquilo que nos incomoda, acreditando ser um momento passageiro ou até mesmo uma situação de prova. Aproveite as situações difíceis para sair mais forte para a luta. Se você está desanimado, sem expectativa de vida, sem esperança no seu trabalho, nos seus relacionamentos interpessoais ou na vida conjugal, não desanime; mantenha os "olhos fixos no Senhor", é de lá que virá o seu socorro.

Qual o motivo de você estar desanimado? Por que só restaram lamentos em sua vida? A Palavra de Deus nos convida a levantar os olhos para o céu e ver. O fato de estar deprimido limita a visão para o encontro de uma solução para os problemas, parecendo não haver saída.

Imaginemos uma situação em que no trabalho tudo parece estar dando errado. A sensação é de estar no fundo do poço. Nessa hora, é preciso procurar uma saída e, se você percebe que não está conseguindo, levante os olhos para o céu. Clame ao Senhor, para que ele possa lhe dar fé, esperança e vontade de voltar a lutar por aquilo que deseja. Assim, você irá encontrar uma saída, pois o Senhor não abandona aqueles que nele confiam.

O bom pensamento restaura o ânimo. Levante a cabeça e comece a agir para que algo diferente e favorável aconteça. As dificuldades poderão ser o início de novas oportunidades. A Palavra de Deus nos diz: "Sem mim nada podes fazer". Precisamos buscar Deus nesses momentos, buscar a força de Deus para nos reerguer, levantar e dizer, para nós mesmos, que vale a pena lutar, porque Deus é conosco. Seja qual for a raiz da sua dor, do seu desamparo, a saída principal é buscar a Deus ouvindo a sua Palavra para encontrar discernimento e sabedoria ante as complexidades da vida. O perdão, um jeito novo de olhar as coisas, a empatia, a humildade, são inspirações oriundas da Palavra de Deus que tantas vezes representam a solução para muitos problemas.

Independentemente da situação em que você se encontra hoje, anime-se. Observe que a sua situação não é tão difícil. Não se entregue ao desânimo. Coragem! Levante! E mantenha os "olhos fixos no Senhor".

Para tudo há um tempo

Para tudo há um tempo, para cada coisa há um momento debaixo do céu (Ecl 3,1).

A natureza humana é impaciente. O homem tem pressa, quer tudo de imediato. Mesmo tendo vinte e quatro horas a nosso favor, achamos que é insuficiente. A nossa pressa é tão grande que, às vezes, tomamos decisões erradas, por não esperar o tempo certo.

O Evangelho de Marcos 6,30-31 diz: "Os apóstolos voltaram para junto de Jesus e contaram-lhe tudo o que haviam feito e ensinado. Ele disse-lhes: 'Vinde à parte, para um lugar deserto e descansai um pouco'. Porque eram muitos que iam e vinham e nem tinham tempo para comer". Se o próprio Jesus reconheceu que os discípulos precisavam de tempo para descansar, quem somos nós para contrariar a vontade dele? Todos nós precisamos de tempo, de fazer algumas paradas ao longo do caminho para uma avaliação da nossa vida. Quando tomamos essa decisão, Deus se encarrega de nos colocar no lugar certo, na hora certa e no momento certo. Deus nos dá o tempo necessário para tudo: sonhar, idealizar e conquistar, por isso não precisamos ter pressa.

A Igreja manifestou em um de seus documentos uma preocupação muito grande com o dia de domingo. Domingo é o dia do Senhor, é o dia para o repouso. O que motivou a Igreja a se manifestar em âmbito nacional e internacional a esse respeito? Segundo ela, muitos comércios abrem suas portas aos domingos. E a grande preocupação é com o pouco tempo que as pessoas estão disponibilizando para si e para o Senhor. É preciso ter tempo para o descanso, para a avaliação da caminhada, para recarregar as energias. Não é abrindo o comércio aos domingos que a vida financeira vai melhorar, mas confiando no Senhor e colocando toda a sua esperança nele.

O Salmo 22 nos diz: "O Senhor é meu pastor, nada me faltará. Em verdes prados ele me faz repousar. Conduz-me junto às águas refrescantes, restaura as forças de minha alma. Pelos caminhos retos ele me leva, por amor do seu nome. Ainda que eu atravesse o vale escuro, nada temerei, pois estais comigo. Vosso bordão e vosso báculo são o meu amparo. Preparais para mim a mesa à vista de meus inimigos. Derramais o perfume sobre minha cabeça, e transborda minha taça. A vossa bondade e misericórdia hão de seguir-me por todos os dias de minha vida. E habitarei na casa do Senhor por longos dias".

Este Salmo, além de ser de uma beleza encantadora, nos faz refletir sobre o quanto o Senhor é bom. Portanto, não tenha pressa, confie no Senhor que nada lhe faltará. Somente ele nos conduz no caminho reto e está conosco todos os dias de nossa vida.

Outro dia lembrei-me de um amigo, com mais de cinquenta anos, e sempre que estamos juntos falamos sobre filosofia e outros assuntos pertinentes à vida, mas geralmente discordamos. Certo dia, ele me falou o seguinte: "Frei, depois de certa idade, a gente não muda, é como uma árvore velha". Não concordo com tal pensamento, porque por mais velha que seja uma pessoa, ela é capaz, sim, de mudar. Tudo depende apenas de querer. Nós, seres humanos, somos por nossa natureza e graças a Deus seres mutáveis. Isso é algo inerente a nossa existência. Não há como fugir disso. Mudamos evolutivamente, vamos nos desenvolvendo e nos transformando como seres humanos, a cada fase de nossa vida – infância, adolescência, juventude, velhice... Em cada uma dessas fases, passamos por mudanças, sobretudo pessoais.

Muitas vezes o que acontece com as pessoas é que elas param no tempo, ficam estagnadas diante da evolução do mundo, seus pensamentos ficam limitados e se fecham para o novo. Quando isso acontece, precisamos dar uma olhada à nossa volta e pedir ao Senhor que restaure os nossos pensamentos e nos dê forças para recomeçar a ver o mundo com novas possibilidades. O escritor Fernando Sabino diz: "Toda mudança é para melhor, se mudou é porque não estava dando certo". Portanto, não fique buscando culpados para o seu fracasso pessoal e profissional. Dê uma parada e reveja a sua vida, seja sincero com você mesmo e pergunte-se se, ao longo da vida, você mudou, se reciclou, se preparou para o novo, ou se ficou apenas na mesmice, com a sua rabugice e seu rancor.

Você que é jovem, observe a sua vida e veja como ela está. Veja a imensidão de oportunidades que se encontra a sua volta. É uma ilusão querer viver o presente sem pensar no futuro. As coisas não caem do céu. Se o seu sonho é passar no vestibular, que tal começar a estudar e deixar de ficar até tarde assistindo à televisão? Deus atende os nossos pedidos, mas é necessário que estejamos limpos diante dele, que estejamos realmente preparados para clamar por sua ajuda.

Assim como Jesus chamou os discípulos para uma avaliação, é importante que você também o faça. Você precisa diminuir o ritmo de trabalho. Isso não significa que se tornará um preguiçoso, mas procure guardar pelo menos o dia dedicado ao Senhor para repousar. Lembre-se: "Não só de pão vive o homem, mas de toda Palavra que procede da boca de Deus" (Mt 4,4).

E para finalizar, recordo a leitura do livro do Eclesiastes 3,1-15: "Para tudo há um tempo, para cada coisa há um momento debaixo dos céus: tempo para nascer, e tempo para morrer; tempo para plantar, e tempo para arrancar o que foi plantado; tempo para matar, e tempo para sarar; tempo para demolir, e tempo para construir; tempo para chorar, e tempo para rir; tempo para gemer, e tempo para dançar; tempo para atirar pedras, e tempo para ajuntá-las; tempo para dar abraços, e tempo para apartar-se. Tempo para procurar, e tempo para perder; tempo para guardar, e tempo para jogar fora; tempo para rasgar, e tempo para costurar; tempo para calar, e tempo para falar; tempo para amar, e tempo para odiar; tempo para a guerra, e tempo para a paz. Que proveito tira o trabalhador de sua obra? Eu vi o trabalho que Deus impôs aos homens: todas as coisas que Deus fez são boas, a seu tempo. Ele pôs, além disso, no seu coração a duração inteira, sem que ninguém possa compreender a obra divina de um extremo a outro. Assim eu concluí que nada é melhor para o homem do que alegrar-se e procurar o bem-estar durante sua vida; e que comer, beber e gozar do fruto de seu trabalho é um dom de Deus. Reconheci que tudo o que Deus fez subsistirá sempre, sem que se possa ajuntar nada, nem nada suprimir. Deus procede desta maneira para ser temido. Aquilo que é, já existia, e aquilo que há de ser, já existiu; Deus chama de novo o que passou".

Dê sentido à sua vida!

*Deem graças ao Senhor, porque ele é bom.
Eterno é seu amor! (Sl 136,1).*

É importante tomar consciência de que tudo na vida passa: dias, meses, anos, coisas, pessoas, projetos. Com o fluir das realidades terrenas, é inevitável que comecemos a pensar no nosso destino final. Nossa meta não pode ser este mundo. Aqui, nós somos apenas peregrinos, pois, no mais íntimo de nós, nos sentimos cidadãos de outra pátria onde moraremos definitivamente. Enquanto, porém, peregrinamos nesta terra, devemos ter a preocupação de construir um mundo que antecipe o Reino de Deus, que será o da justiça, da verdade e do amor.

Nesta vida, somos convidados a assumir compromissos. Não fiquemos, pois, simplesmente esperando que o tempo passe e a morte chegue. É preciso que cada um se pergunte como está construindo sua própria história, como está sendo sua vida, que sentido está dando a seus dias.

Somos caminheiros, peregrinos, forasteiros, e não podemos esquecer que neste mundo estamos apenas de passagem. Procuremos, então, deixar uma marca significativa da nossa passagem neste mundo e que tal sinal seja do bem.

Haverá momentos em que você precisará fazer mudanças em sua vida. Não permita que o tempo concedido se esgote inutilmente, porque, só enquanto dispuser do tempo, é que poderá pôr ordem em suas coisas e em sua vida. Reflita seriamente sobre sua passagem por este planeta e pense no que vai ser de toda esta realidade. Enquanto usufruir de tempo, tente fazer algo bom e útil, procure a paz, elimine o rancor que azeda seus sentimentos, busque tornar-se alguém melhor hoje, não deixe a mudança de vida para amanhã ou para o fim. Pense no que de valioso você gostaria de realizar em sua vida e faça com que ela seja de algum modo mais leve, serena e benfazeja.

O tempo que Deus nos dá como precioso dom e possibilidade é um tácito convite a preenchê-lo e vivê-lo com responsabilidade e intensidade. Procure, portanto, sempre fazer o bem e estender fraternalmente as mãos para aqueles que precisam de sua ajuda. Faça a si mesmo esta pergunta antes de chegar o momento de partir para a eternidade: "Como as pessoas irão se lembrar de mim? Como gostaria de ser lembrado por elas?". Perceba, então, como é importante conduzir para o bem toda a sua vida, enriquecendo-a com atos de amor e doação, fazendo bem todas as coisas, desde as mais simples às mais exigentes e grandiosas. Dê sentido à sua vida!

Quebrando as correntes da escravidão

É para que sejamos homens livres que Cristo nos libertou (Gl 5,1).

Em pleno século XXI, a exploração do ser humano como escravo e mercadoria ainda é uma realidade. A Organização Mundial dos Direitos Humanos relata que existem mais de 2,6 milhões de pessoas vivendo em condição de escravidão e sofrendo por causa do tráfico humano. São jovens iludidos com promessas de uma vida fácil em outras cidades ou até mesmo no exterior. Eles enveredam por caminhos que não costumam ter retorno. Muitas crianças e inocentes são comercializados como se fossem objetos. O tráfico de crianças, geralmente, alimenta o mercado da prostituição, mas também visa à retirada de órgãos para serem vendidos. Essa situação nos deixa bastante preocupados, porque, em pleno século XXI, isso significa uma regressão do conceito de ser humano e da sua dignidade.

No Brasil, a Igreja vem chamando a atenção para esse fenômeno e alerta os jovens para que não se deixem aliciar por propostas enganosas. Esse tipo de tráfico é muito atuante na região Norte e nas pequenas cidades onde pessoas mal-intencionadas chegam e começam a fazer propostas sedutoras aos jovens, tais como realizar testes em clubes de futebol. A família, muitas vezes, fica iludida e acaba apoiando o filho, acreditando que obterá sucesso, que sairá da miséria, porque irá ganhar muito dinheiro. Crendo nessas falsas promessas, os pais se empenham ao máximo, até tomando dinheiro emprestado, para que o filho possa partir. E contra toda expectativa, o filho que saiu para melhorar de vida acaba tornando-se escravo.

São fatos que acontecem bem pertinho de nós. Pessoas vão atrás de seus sonhos sem imaginar que estão sendo enganadas. Quando se descobre a situação de escravidão e de prostituição, na maioria das vezes a vítima já passou por muitos traumas. Por isso, devemos ter muito cuidado diante de certas promessas. Esse tipo de coisa acontece de verdade dentro e fora do Brasil. Há numerosos casos de pessoas que acabaram encontrando-se numa situação dramática e passaram por momentos difíceis, enfrentando longo e duro sofrimento.

Falar de escravidão e dessas realidades parece algo bem distante de nós, mas não podemos esquecer que existem várias formas de escravidão: uma delas é a que acenamos anteriormente, mas há muitas outras, como o caso de pessoas (talvez até mesmo nós) que vivem em situação de escravidão, de subordinação aos bens terrenos, de servidão ao dinheiro e ao poder; amarradas ao egoísmo e escravas de ideologias e rancores. A pergunta a se fazer é: "O que hoje me escraviza? E se estou nesta situação, quem poderá me libertar?".

Somos todos convidados a lutar pela liberdade do outro, caso este se encontre em situação de escravidão. Uma coisa é certa: fomos criados para a liberdade, e é para que sejamos homens livres, que Cristo nos libertou. Busquemos refúgio no Senhor, lembrando que ele tem poder para quebrar todas as correntes que nos aprisionam, a fim de que nos tornemos verdadeiramente livres.

Leveza da alma e do coração

*Esquecei as nossas faltas e jogai nossos pecados
nas profundezas do mar (Mq 7,19).*

Realizei uma longa viagem, passando por alguns países e, como qualquer turista, carregava uma mochila nas costas. Em quase todos os lugares em que passei, comprei algo de lembrança: fui a uma feira de arte, e comprei um quadro; fui a uma livraria, e comprei um livro; fui ao poço de Jacó, e enchi uma garrafinha com a água daquele poço onde Jesus encontrou-se com a samaritana. Caminhando pelo Mar da Galileia, pensei: "Vou levar uma pequena pedrinha de lembrança", e a coloquei na minha mochila. O certo é que em determinado momento eu não conseguia mais carregá-la, porque pesava demais, com tantas coisas que se foram acumulando.

Em umas de minhas paradas, resolvi abrir a mochila e conferir o que tinha dentro que pesava tanto. E percebi que precisava me livrar de algumas coisas. A água do poço de Jacó eu não queria deixar, o livro e a pedrinha também não. O certo é que fiquei em dúvida, porque todas aquelas coisas tinham um significado para mim, porém, não poderia continuar com a mochila do jeito que estava, porque pesava demais. Tomei uma decisão e livrei-me de todas as lembranças que havia comprado, com muita dor no coração. Entreguei a água do poço de Jacó a uma amiga (que também teve que deixá-la para trás). Era importante? Era! Mas deixei-a. Era importante o livro? Era! Até me lembro do nome dele: *Joana, a louca*. As pedrinhas também eram importantes, mas tive que descartá-las.

Com esse pequeno relato, quero dizer o seguinte: com o passar dos anos, cada um de nós vive como se carregasse uma mochila nas costas e, a cada acontecimento da vida, colocamos algo dentro dela até chegarmos ao ponto de não podermos mais carregá-la, porque o fardo se tornou pesado demais. Quando esse momento chega, devemos nos perguntar: "Agora, o que fazer para torná-lo mais leve?". E mesmo com muita dor no coração, precisamos nos livrar de algumas coisas, do contrário, ficará difícil continuar a caminhada.

Vamos fazer uma avaliação: o que há na sua vida que você não tem coragem de se livrar? Veja o exemplo que dei sobre a minha mochila e as coisas que eram importantes, mas das quais tive de me desfazer para poder continuar a viagem. E na sua mochila da vida, quais são as coisas das quais precisa se livrar?

O convite que faço é: vamos jogar fora aquilo que esteja pesando na nossa vida. Precisamos ser mais leves, precisamos andar com mais agilidade para que possamos ter a alegria de caminhar ao lado dos irmãos e, assim, chegarmos até Deus.

Prudência e sabedoria: caminhos a serem trilhados

Assim implorei e a inteligência me foi dada, supliquei e o espírito da sabedoria veio a mim (Sb 7,7).

Estamos vivendo um tempo em que as oportunidades batem à nossa porta. São oportunidades de cursar uma boa faculdade, de adquirir a casa própria, de conseguir um bom emprego e de fazer grandes viagens. São inúmeras e surgem a cada instante em nossa vida, mas, mesmo assim, ainda existem pessoas lamentando não terem uma chance na vida. Seja qual for a sua situação, você precisa de prudência e sabedoria para vencer na vida.

Prudência e sabedoria não dependem de bens materiais ou cultura. Todos nós, ricos ou pobres, temos as mesmas chances de possuí-las. O importante é o que muita gente esquece: é necessário suplicar a Deus e pedir que ele as conceda, porque a prudência e a sabedoria são dons de Deus. A riqueza e a cultura podem, muitas vezes, ser obstáculos para se atingir o bom senso da prudência e da sabedoria.

Precisamos da prudência, precisamos da sabedoria em todos os momentos da nossa vida, para que não tomemos decisões que futuramente possam trazer lágrimas para nós e para as demais pessoas que estão ao nosso redor.

Com a prudência vinda de Deus, é possível identificar situações que realmente são favoráveis, e, assim, nos livrarmos de algo que poderá causar sofrimento e dor. Já a sabedoria nos ajuda a identificar as oportunidades da vida que realmente são boas. Faz-nos agir com maturidade, e não como oportunistas que não têm rumo e sacrificam seus princípios em função de tirar proveito das circunstâncias.

"Bendito seja Deus, Pai de Nosso Senhor Jesus Cristo, que do alto do céu nos abençoou com toda a bênção espiritual em Cristo e nos escolheu nele antes da criação do mundo, para sermos santos e irrepreensíveis diante dos seus olhos" (cf. Ef 1,3-4). Essa mesma sabedoria e prudência estão disponíveis a cada um de nós para assumirmos essas bênçãos e vivermos as oportunidades da vida.

Prudência e sabedoria é o que peço, pois só assim alcançarei as bênçãos vindas do céu.

Sede santos

O Senhor disse a Moisés:
"Dirás a toda a assembleia de Israel o seguinte:
'Sedes santos, porque eu, o Senhor, vosso Deus, sou santo'" (Lv 19,1-2).

É comum planejar a vida. Quem não se planeja, fica para trás. É comum encontrarmos pessoas que não fazem nenhum planejamento e que, por conseguinte, ficam sem saber que rumo tomar na vida. Procurando alcançar as nossas metas, temos que ter consciência que iremos deparar-nos com muitas dificuldades. As metas a serem alcançadas estão em duas dimensões: antropológica e transcendente. Reconhecemos que é muito importante que o homem se realize em todas as dimensões humanas, mas temos que ter consciência de que a meta principal é a santidade. Ser santo não é sugestão, mas imperativo para todo aquele que confessa Jesus Cristo como seu Senhor e Salvador.

A santidade não é algo distante de nós. "Sedes santos" (cf. Lv 19,1-2), esse é o desejo de Deus para cada de um de nós. Portanto, a meta principal de todos nós deve ser a busca da santidade. E não devemos ter medo de dizer: "Eu quero ser santo!".

A Igreja apresenta alguns modelos de santidade, como, por exemplo: São Francisco de Assis, Santo Tomás de Aquino, Santa Rita de Cássia, Santa Teresinha, Santo

Agostinho, São Benedito e diversos outros santos. Esses homens e essas mulheres souberam viver o Evangelho, esvaziando-se dos pecados, enchendo-se de santidade de Deus, de plenitude e de pureza.

São Paulo, ao escrever para as comunidades, diz: "aos santos da comunidade de Coríntios...". Ele usa o termo "santos" para se referir às pessoas simples que vivem na comunidade, ou seja, as pessoas que trabalham, que lutam, enfim, todos aquelas que enfrentam algum tipo de dificuldade no dia a dia. A santidade não é algo extra, fora do comum. Ela é um presente, e é possível ser vivida na nossa comunidade, no nosso trabalho e na nossa família. Uma das principais exigências para ser santo é ser uma pessoa normal, ou seja, é preciso perceber Deus nos acontecimentos, na natureza, no irmão, e, também, ser solidário. Porque, quando uma pessoa é anormal, ela não busca a Deus. Ela não sente necessidade do transcendente, apegando-se demasiadamente à matéria e crendo que irá viver eternamente. Quem não valoriza seu semelhante, não é normal. Ser santo é ser normal. Trilhando esses caminhos, nós estamos buscando a santidade.

Buscando a santidade, devemos eliminar de nossas vidas rancor, ódio, desejo de vingança, porque isso nos afasta da meta da santidade, dos nossos objetivos finais. Estamos apenas de passagem por este mundo e o nosso objetivo, ao final de tudo, é a santidade. É ter a graça de estar eternamente na presença de Deus. O que nos afasta de Deus são acontecimentos que ao longo da nossa existência vão produzindo em nós marcas que nos deixam feridas e que, muitas vezes, tira o nosso sono ou nos leva a ter pesadelos.

Nos momentos em que esses sentimentos ruins se manifestam, o demônio aproveita para deitar a nosso lado, dar-nos conselhos, dizendo: "Amanhã, quando levantar, você deve fazer isso ou aquilo". Se afaste dele, pelo amor de Deus! Não permita que o demônio deite ao seu lado, não permita que ele lhe dê sugestões ou o influencie a cometer maldades e vinganças que venham a lhe afastar de Deus e dos projetos que ele tem para você.

Deus tem poder de curar todas as feridas, aquelas que ninguém vê, mas que estão dentro do nosso coração e que sangram. O rancor é um veneno que mata lentamente, que nos transforma em pessoas amargas. Por isso, é preciso ter forças para dizer: "Não é isso que eu quero para minha vida... Vem, Senhor, com teu poder me cura e me liberta".

Que Deus Pai, Todo-Poderoso, possa curá-lo de todas as suas feridas, de todas as suas lágrimas, e que você reze por aqueles que lhe fizeram mal. Só assim irá sentir-se mais forte, mais tranquilo e em paz com Deus. Vamos trilhar o caminho da santidade. "Como é santo aquele que vos chamou, sede vós também santos em toda vossa maneira de viver" (1Pd 1,15).

A força da palavra

Guarda a tua língua do mal,
e teus lábios das palavras enganosas (Sl 33,14).

Referindo-se às palavras enganosas, o texto bíblico menciona que a língua, apesar de ser um pequeno órgão, tem uma força poderosa. Pode ser usada para o bem, para exprimir amor e oferecer salvação, como Deus pretendia. Mas também pode ser usada para o mal, com efeitos desastrosos que conduzem à condenação.

Guarde sua língua do mal, guarde sua língua ao falar. As palavras ditas fazem uma grande diferença. Seja prudente, pois as palavras podem construir e levar à alegria, mas também podem provocar tristeza, dependendo de como são ditas, colocadas e expostas. Preste atenção na maneira como você fala, pois, muitas vezes, isso pode ser devastador. No entanto, a língua é também um órgão que podemos usar para agradecer a Deus por tudo aquilo que ele pode nos proporcionar, através de palavras confortadoras, palavras de glória ao Pai, que animam e que nos dão paz.

Precisamos saber calar, quando for necessário. E falar, quando for preciso. Porque isso constitui toda uma sabedoria, cada coisa no seu devido lugar, no seu devido momento. "Falar quando é conveniente calar é condenar-se ao fracasso." Então, na hora de falar, fale! Mas, na hora de calar-se, cale-se! "Calar-se quando é prudente falar é sinal evidente de covardia." Dependendo da situação, não podemos ficar calados. Não podemos calar-nos diante das injustiças do mundo e tampouco ser omissos. Mas precisamos ter consciência de que uma simples palavra mal-empregada em dado momento pode levar uma nação à guerra, destruir amizades de toda uma vida, desfazer uma família, arruinar um relacionamento, condenar um inocente. "Todo homem, pois, seja pronto para ouvir, tardio para falar, tardio para se irar" (Tg 1,19).

Outro ponto importante que não podemos esquecer é a questão do silêncio. O silêncio é sabedoria, nos dá tempo para refletir e medir as nossas palavras antes de pronunciá-las. Em nosso dia a dia, em nossos relacionamentos, a palavra só será útil e frutífera se proferida da maneira correta, com um generoso desejo de ajudar. Se a palavra não tiver esse objetivo, então é melhor se calar. A língua, então, deve ser usada somente para adorar a Deus e falar as coisas edificantes que ele nos ensina, e não para amaldiçoar os homens, feitos à semelhança de Deus.

É bom lembrar o ditado: "Há duas coisas na vida que nunca voltam atrás: a flecha lançada e a palavra pronunciada". Acontece, às vezes, de uma flecha lançada ao acaso atingir o alvo que o arqueiro não queria; muitas vezes, uma palavra pronunciada sem desígnio lisonjeia ou magoa um coração infeliz. Portanto, precisamos ter cuidado com as nossas palavras para que elas não se tornem causa de dor e sofrimento.

Que Deus possa nos abençoar e que "nenhuma palavra má saia da vossa boca, mas só a que for útil para a edificação, sempre que for possível, e benfazeja aos que ouvem" (Ef 4,29).

O Senhor caminha conosco!

> *Sejam fortes e corajosos.*
> *Não tenham medo nem fiquem apavorados*
> *por causa delas, pois o Senhor, o seu Deus,*
> *vai com vocês; nunca os deixará,*
> *nunca os abandonará (Dt 31,6).*

Diante dessas palavras me sinto fortalecido e consolado. Mesmo enfrentando situações complicadas, sei que não estou só. Algumas pessoas podem até ter me virado as costas, ter me traído ou me criticado. E posso até estar fracassando em alguns projetos ou nos caminhos da vida. Mas estas palavras me consolam: "Não tenham medo eu estarei com vocês".

O Senhor caminha com cada um, individualmente. Ele caminha com o seu povo, com a sua Igreja. E, para mim, essa é uma palavra de consolo, que me fortalece e me dá ânimo diante de situações difíceis, porque, se fizermos uma avaliação da nossa história, desses dois mil anos, perceberemos que houve momentos em que tivemos a sensação de que o barco afundaria. Mas a Igreja tinha certeza de que realmente as promessas do Senhor iriam e estavam realizando-se. Nos momentos de maior dificuldade, em que parecia que a Igreja iria afundar, fracassar, o Senhor sempre vinha com o seu espírito e renovava a sua estrutura. Ele vem com o sopro da renovação.

Na década de 1960 a Igreja passou por momentos difíceis, e eis que o Senhor suscitou o Conselho do Vaticano II como um momento de resposta ante os desafios e uma proposta de renovação ante a realidade mundial. O Espírito Santo continua suscitando renovação no seio da Igreja, trazendo alegrias e esperança. Isso é uma prova de que o Senhor está conosco e estará sempre ao nosso lado, mostrando a direção, até mesmo trazendo para nós figuras de homens de Deus como o Papa Francisco, que nos guia neste período de dificuldades da humanidade.

A palavra que nós queremos compartilhar é a seguinte: "Não tenham medo, eu estarei com vocês todos os dias". Primeiro que a Igreja não é minha, é do Senhor, e eu sinto a presença de Deus na nossa Igreja, sinto a presença dele guiando a nossa Igreja. Porque, se não fosse de Deus e se o Senhor não caminhasse conosco, teríamos falido há muito tempo. Hoje já poderíamos estar fazendo parte do passado, como outros grupos religiosos que surgiram e já não existem mais. Nós temos a certeza de que o Senhor caminha conosco e que ele vai continuar enviando o seu Espírito de renovação e nos apontando novos caminhos.

Nos momentos de medo, de susto, clame o nome do Senhor. Se estiver debilitado, coloque-se nas mãos de Deus e confie nele: "Eu sei em quem estou depositando a minha confiança". Portanto, confie no Senhor, mesmo quando todos o abandonarem e virarem as costas para você. Sinta a presença de Deus ao seu lado. Assim você encontrará forças e consolo para viver e para lutar. E vai poder dizer: "Eu não estou só e não terei medo, porque o Senhor está comigo".

Ainda que esteja com medo do fracasso dos seus empreendimentos ou de alguma coisa que não esteja dando certo, lembre-se sempre desta palavra do Senhor: "Não tenhas medo, eu estou contigo". Essa é a grande promessa, o grande consolo da Igreja. Há mais de dois mil anos a Igreja passa por perseguições e momentos difíceis, e o que a sustenta é a fé de saber que não está sozinha, pois o Senhor caminha com ela.

Tenha fé, você não está só. Não tenha medo, o Senhor caminha com você e também conosco.

Dores e sofrimentos que levam ao crescimento

Ora, a vida eterna consiste em que conheçam a ti, um só Deus verdadeiro, e a Jesus Cristo que enviaste. Eu te glorifiquei na terra. Terminei a obra que me deste para fazer. Agora, pois, Pai, glorifica-me junto de ti, concedendo-me a glória que tive junto de ti, antes que o mundo fosse criado (Jo 17,3-5).

O sentido da vida está em praticar a justiça para viver na graça e na presença de Deus. Nós repetimos que nada nos assusta se estivermos com Cristo. A Palavra nos diz que: "quem tem Deus nada lhe falta". E nós repetimos que nada vai assustar-nos se estivermos em sua presença e caminharmos com ele. Não vou sentir medo nem me assustar com os desafios que me forem impostos no dia a dia. É preciso buscar o verdadeiro sentido da vida, e eu diria que o verdadeiro sentido da vida é a graça de Deus.

São João no diz: "Ora, a vida eterna consiste em que conheçam a ti, o Deus único e verdadeiro, e a Jesus Cristo, aquele que enviaste". A graça da vida é estarmos bem com Deus, estarmos bem com nossa própria consciência e com o nosso coração.

Qual é o sentido da sua vida, dos seus passos, dos seus dias, dos seus anos? Que sentido tudo isso tem e o que motiva você? São nessas pequenas coisas que nós vamos atentamente descobrindo as razões da nossa existência: por que levantamos ao amanhecer? Por que vamos ao trabalho? Por que fazemos caridade? Por que nos dedicamos à família? Precisamos dar uma olhada e descobrir as razões da nossa existência, do nosso viver. Por que muitas pessoas se encontram angustiadas e completamente perdidas? Não temos dúvida: isso acontece porque essas pessoas não descobriram o verdadeiro sentido da vida.

Quantos anos você tem? Você já se perguntou o que está fazendo da sua vida? A nobreza da vida não está no fato de nascermos nem de morrermos, mas no fato de vivermos de maneira a saber o que devemos fazer. Só assim a vida terá sentido. Na vida, não devemos fazer somente aquilo que nos agrada, mas aquilo que mais tarde possa dar sentido a nossa existência.

Todos nós precisamos fazer uma avaliação da nossa vida, do nosso agir, da nossa caminhada e da nossa própria história. Podemos observar que, em meio às alegrias, muitas vezes surgiram obstáculos que não estavam em nossos planos; acontecimentos que imaginávamos que vieram para nos derrotar e que nos trouxeram grandes sofrimentos. E hoje, ao olharmos para trás, percebemos que foram momentos de graça e crescimento.

Não é agradável, do ponto de vista humano, sentir dor e sofrer, mas, se estivermos envolvidos com a dor e o sofrimento do outro, certamente iremos querer a sua felicidade. Trata-se de olharmos para o futuro almejando o bem do próximo. E isso sim é fantástico, querer o bem do outro. Então, quando você olhar para o que está fazendo, irá orgulhar-se, irá descobrir o segredo da sua vida, irá perceber que vale a pena, mesmo diante do sofrimento, fazer tudo em prol do outro.

Outro dia ouvi uma pessoa dizer que estava com uma enorme dor, mas que se sentia feliz. Como uma pessoa pode estar sentindo dor e ser feliz ao mesmo tempo? Chegamos à conclusão de que, mesmo em meio à dor, ao sofrimento e à angústia, uma pessoa pode encontrar o sentido da sua vida. A grande questão é descobrir as razões pelas quais você está sofrendo. Por exemplo, a mãe que se sacrifica pelo filho, sofre, mas, mesmo diante da dor, ela encontra alegria. O sofrimento é causado pelo amor a seu filho, e é nessa dor do sofrimento pelo filho amado que ela encontra as razões do seu viver.

Que Deus Pai, Todo-Poderoso, ajude você a buscar sentido nos seus atos, nos seus afazeres. Pois, com certeza, você será feliz quando descobrir o sentido da sua vida.

É no silêncio que Deus age

*Toda criatura esteja em silêncio diante do Senhor:
ei-lo que surge de sua santa morada (Zc 2,17).*

Vivemos em um mundo altamente agitado. Acordamos de manhã com o movimento e o barulho em nossa casa e com os sons externos da cidade anunciando que mais um dia está começando. A impressão que temos é de que as pessoas, de tão acostumadas a viverem no barulho, sentem medo do silêncio. Quando vamos assistir a uma peça teatral, diríamos que o silêncio é a melhor expressão de admiração e a melhor homenagem que podemos oferecer, porque confessamos implicitamente que não achamos palavras para expressar tudo que sentimos e vivemos diante da apresentação.

A palavra e o diálogo são importantes, mas temos necessidade de nos silenciar, embora essa realidade esteja cada dia mais distante de nós. O silêncio faz bem, não o silêncio do medo, o silêncio da indiferença, mas o silêncio interior. Quando vamos à igreja e não conseguimos rezar, deve ser por falta desse silêncio interior. Uma vida de oração requer momentos profundos de silêncio, no qual estejamos desligados de tudo o que nos rouba a quietude externa e interna, para estarmos ligados e conectados com Deus.

É no silêncio que Deus age em nossa vida. No silêncio podemos nos acalmar e focar no mais importante: Deus. Jesus muitas vezes se retirava para lugares solitários, silenciosos, a fim de estar sozinho com Deus. O silêncio é importante para ouvir a voz de Deus.

Em tempos de tecnologia, presenciamos o silenciar das pessoas conectadas a seus computadores, tablets e celulares. Essas pessoas, mesmo em meio ao silêncio tecnológico, se encontram inquietas e agitadas. Porque esse não é um silêncio que vem de Deus. É um silêncio produzido pela modernidade, um silêncio que aprisiona nas redes sociais, nos aplicativos. Se você quer ter um encontro com Deus, fique plenamente conectado a ele. Deixe de lado tudo o que possa atrapalhar esse momento. Desligue o seu celular, seu tablet e o seu computador. Respire profundamente para aquietar o seu coração e afaste todo o estresse enfrentado durante o dia. Deixe-se inundar pela paz que brota do coração de Deus. Que Deus Pai, Todo-Poderoso, possa nos ajudar a guardar esse silêncio e a respeitá-lo.

Prudência no falar

Mesmo o insensato passa por sábio, quando se cala; e por prudente, quando fecha sua boca (Pr 17,28).

A Palavra de Deus nos diz que uma das grandes sabedorias da vida é reconhecer o momento certo de falar e de calar. É bom lembrar que uma palavra dita em momentos inapropriados pode destruir e separar. "No muito falar não falta transgressão, mas o que modera os lábios é prudente" (Pv 10,19). Ser prudente no falar ou manter o silêncio é a melhor de todas as virtudes.

"Mas Jesus se calava e nada respondia" (Mc 14,61). Será que ele está se referindo à hora do julgamento? Algumas atitudes, em determinados momentos, não precisam ser explicadas ou justificadas. Jesus ficou calado, pois a verdade liberta. Às vezes, quanto mais tentamos explicar-nos, mais complicados ficamos. O livro de Provérbios diz: "O homem sábio guarda o silêncio". Muitas vezes, guardar silêncio é uma demonstração de sabedoria, diante daquele que não sabe calar-se. Existem pessoas que, ao falar, são canais de bênçãos e há outras que são fonte de tristeza.

Há momentos em que ficar calado é um ato de caridade. Por isso, saiba usar bem as suas palavras. A Palavra de Deus diz: "O sábio permanece calado até o momento oportuno, mas o leviano é imprudente e não espera a ocasião". Nós precisamos ser prudentes ao falar, porque, uma vez que a palavra é dita, não se pode voltar atrás. Portanto, "põe guarda, Senhor, à minha boca; vigia a porta dos meus lábios" (Sl 141,3).

Que o Senhor possa nos dar sabedoria de reconhecermos o momento certo de falar e de calar. E que, de nossa boca, saiam apenas palavras agradáveis como favo de mel, palavras de esperança que tragam alívio, alegria e novo ânimo a todos que precisam.

Esperança no Senhor

Feliz o homem que pôs a sua esperança no Senhor (Sl 40,5).

Muitas vezes, em nossa vida, nos deparamos com obstáculos tão difíceis de serem resolvidos, que pensamos em desistir e deixar de lutar. Mas, quando isso acontecer, não desista, não perca a esperança. Deposite a sua confiança em Deus: "confie nele de todo o seu coração e não se apoie em seu próprio entendimento; reconheça o Senhor em todos os seus caminhos, e ele endireitará as suas veredas" (Pr 3,5-6).

Às vezes, confiamos demasiadamente nas pessoas erradas, no dinheiro, no status social, e colocamos Deus em último plano. Esquecemo-nos de que ele é o único em quem realmente podemos depositar a nossa esperança. Pessoas, bens materiais, status, tudo isso um dia poderá acabar, mas a fé em Deus mantém o homem firme, independentemente dos acontecimentos bons ou ruins que venham a ocorrer.

"O justo viverá pela fé." E é pela fé que vamos continuar firmes e seguros. Confiar em Deus é a atitude mais acertada que um ser humano pode ter, porque essa confiança nos dá segurança, alegria e força para enfrentar qualquer desafio que esteja a nossa frente. Deus é fiel e bom, e nunca desampara nem abandona aqueles que confiam nele.

Devemos saber em quem depositar a nossa confiança. Não podemos criar expectativas exageradas em relação aos outros para não corrermos o risco de nos decepcionar. Isso não significa que não precisamos do outro, muito pelo contrário, precisamos ter amigos, porque não andamos sozinhos. Temos uma tendência ao eclesial, e isso significa que o homem tem, por natureza, necessidade de buscar o outro, de estar com o outro em comunidade. É na comunidade eclesial que a fé pessoal cresce e amadurece.

Vamos procurar viver em comunhão com as pessoas e confiar sempre no Senhor, porque "O Senhor é o meu rochedo, minha fortaleza e meu libertador. Meu Deus é minha rocha, onde encontro o meu refúgio, meu escudo, força de minha salvação e minha cidadela" (Sl 18,2).

Palavras que edificam

O Senhor te abençoe e te guarde!
O Senhor te mostre a sua face
e conceda-te sua graça!
O Senhor volva o seu rosto para ti
e te dê a paz! (Nm 6,24-26).

Existem três palavras-chaves que poderiam ser incluídas na nossa vida diária: gratidão, perdão e prece. A "gratidão" é a primeira atitude que devemos colocar em prática, pois, através dela, podemos agradecer a Deus pelo dom da vida, por sua graça, sua força e por tudo que ele realiza por nós. "Deem graças em todas as circunstâncias, pois esta é a vontade de Deus" (1Ts 5,18). Então, seja grato a Deus. Essa gratidão também pode e deve ser direcionada às pessoas que estão a seu redor. Seja grato e aproveite bem as coisas simples da vida, os pequenos, porém, felizes momentos. Seja grato a quem liga, procura por você, a quem quer você por perto, a quem não mede esforço para estar com você.

O outro ensinamento que gostaria de mencionar é o "perdão". Precisamos sempre pedir perdão a Deus pelas vezes que falhamos, porque, afinal, todos nós cometemos falhas e erros. "Se reconhecemos nossos pecados, então Deus se mostra fiel e justo, para nos perdoar os pecados e nos purificar de toda injustiça" (1Jo 1,9). Cada um deve assumir as próprias responsabilidades e reconhecer seus erros. Ao reconhecermos que agimos mal com o outro, não devemos sentir vergonha de pedir perdão. "Pois, se perdoarem as ofensas uns dos outros, o Pai celestial também perdoará vocês. Mas, se não perdoarem uns aos outros, o Pai celestial não perdoará as ofensas de vocês" (Mt 6,14-15). Se nós perdoarmos, receberemos perdão, e essa é uma verdade que nos deve motivar. Se realmente compreendemos o que Jesus fez na cruz, o perdão deve fluir no nosso coração.

A outra palavra que não deixa de ser um ensinamento é a "prece". Eleve suas preces ao Senhor, implorando as bênçãos de Deus sobre a sua vida e a de sua família. A Palavra de Deus no diz: "O Senhor te abençoe e te guarde! O Senhor te mostre a sua face e conceda-te sua graça! O Senhor volva o seu rosto para ti e te dê a paz!" (Nm 6,24-25). Clame as bênçãos de Deus na sua vida através da sua oração e não se esqueça: caminhe com Deus e com a sua comunidade. Pois, não podemos viver isolados, envolvidos apenas no trabalho e em tantas outras atividades, sem nos preocuparmos com Deus. A Igreja está sempre de portas abertas à sua espera, então busque a Deus para que ele possa abençoar você. "Peçam, e será dado; busquem, e encontrarão; batam, e a porta será aberta. Pois todo o que pede recebe; o que busca encontra; e àquele que bate, a porta será aberta" (Mt 7,7-8).

Cumpra as promessas feitas diante de Deus

> *Ana, profundamente amargurada,*
> *orou ao Senhor e chorou copiosamente (1Sm 1,10).*

Ana era uma honrada mulher que carregava consigo o grande sonho de gerar um filho, mas não conseguia engravidar. Isso a levou a uma profunda angústia. Naquele tempo, gerar filhos era sinal de bênção, como o é até hoje. Mas, no seu tempo, se não os concebesse, para alguns, significava sinal de maldição e, por isso, ela ficou desesperada. Um dia, Ana levantou-se, saiu da sua casa e foi ao templo orar ao Senhor.

Vamos nos deparar, agora, com essa mulher que se coloca diante de Deus e chora cheia de angústia, que ora ao Senhor com amargura. Imagino que tenha sido uma oração de profunda experiência com Deus, em que ela chorou e realmente abriu seu coração. Isso serve de exemplo para cada um de nós. Nas nossas angústias e frustrações, devemos recorrer ao Senhor. Ana fez isso, saiu da sua casa e buscou o Senhor.

Às vezes, vejo pessoas na Igreja orando, enquanto lágrimas escorrem pelo rosto. Tenho absoluta certeza de que aquelas orações serão ouvidas pelo Senhor, mesmo porque a Palavra de Deus diz que nenhuma oração ficará sem resposta.

Ana fez uma promessa ao Senhor. E a cumpriu. Aqui eu acrescentaria alguns detalhes à palavra que diz que se devem cumprir as promessas feitas. Há pessoas que fazem promessas facilmente, mas nem sempre as executam. Gostaria de chamar a atenção para certas promessas meio estranhas e mirabolantes; se for o caso de fazer uma promessa, não prometa algo que não possa levar a efeito.

Ana cumpriu sua promessa, e enfatizo esse ponto; é preciso orar ao Senhor, levar até ele toda a nossa angústia e preocupação, e, quando estivermos enfrentando algo mais difícil e complicado, cumpramos nossa promessa com todo sacrifício, assim como fez Ana. O não cumprimento de uma promessa feita diante do altar de Deus é uma falta grave.

Outro fator importante a ser considerado são as promessas que fazemos para que outras pessoas as cumpram. Ninguém é obrigado a cumprir algo prometido por outra pessoa, mesmo que seja alguém da sua família. Se alguém fez uma promessa para você cumprir, sinta-se desobrigado. Quem faz promessa precisa ter consciência das suas capacidades, porque podemos fazê-la num momento de profunda emoção e somente depois perceber o quanto será difícil cumpri-la.

Então, destaco esses dois fatos: devemos cumprir as promessas feitas diante do Senhor e, também, prometer coisas que se possam cumprir. Outra coisa, jamais façamos promessas para outros cumprirem.

Veja a seguinte situação: alguém ama muito seu filho que está passando por sérias dificuldades e resolve, então, fazer uma promessa: "Que ele vá, a pé, de uma cidade à outra, andando 200 km". Nessa hora, é preciso dizer: "Não!". Se alguém faz uma promessa para você cumprir (como já foi dito), sinta-se desobrigado. Somente os compromissos que você assume diante Deus devem ser sanados, e por você.

Ana se colocou diante de Deus, orou ao Senhor na sua profunda angústia, foi ouvida, obteve a graça e deixou-nos o exemplo. Vejamos o texto em 1 Samuel, que narra o cumprimento da promessa de Ana: "após tê-lo desmamado, tomou-o consigo, e levando também três touros, uma porção de farinha e um odre de vinho, conduz à casa do Senhor em Siló. O menino era ainda muito criança. Imolaram o touro e conduziram o menino a Heli. Ana disse-lhe: 'ouve, meu Senhor, por tua vida eu sou aquela mulher que esteve aqui em tua presença orando ao Senhor. Eis aqui o menino por quem orei; o Senhor ouviu o meu pedido. Portanto, eu também dou ao Senhor: ele será consagrado ao Senhor por todos os dias da sua vida'" (cf. 1Sm 1,24-28). Cumprida a sua promessa, Ana elevou um cântico de alegria a Deus e retornou à sua casa exuberante por ter realizado o que prometera.

Feliz é o homem que teme o Senhor

Feliz o homem que teme o Senhor,
e põe o seu prazer em observar
os seus mandamentos (Sl 111,1).

Quanta infelicidade existe hoje no mundo e, ao acompanharmos os meios de comunicação, vemos a dimensão da violência, exploração e corrupção presentes na sociedade. É um mar de lamúria e sofrimento que presenciamos todos os dias. O egoísmo predomina; ele é sinal de que as pessoas não estão buscando a Deus. E, se as pessoas não estão procurando a Deus, elas possivelmente não respeitam mais o outro. Por isso, não há mais limites, pois cada um pensa apenas em si mesmo.

Existem pessoas que querem transformar sua vida no centro do universo, achando que todos têm de viver e sempre estar a seu favor. Não têm mais aquele desejo de fazer alguma coisa pelo outro. "Feliz é o homem que teme o Senhor" e, ainda, "Feliz é a nação cujo Deus é o Senhor".

Perguntamo-nos: qual o motivo de tanta infelicidade e tantos desencontros? Por que há tanta gente que não consegue trabalho, que passa fome e vive com tantas e tantas necessidades? Algumas pessoas são infelizes porque são egoístas, porque não pensam no outro. É preciso procurar a Deus!

Como está sua família, sua caminhada, sua vida? Às vezes, você imagina que a felicidade está nas festas, nas farras, mas, no fundo, no fundo mesmo, quando retorna à sua casa e fica sozinho, sobrevém-lhe uma enorme tristeza e não entende o que está acontecendo. Vive correndo atrás da alegria e não a encontra, mas por quê? Porque, simplesmente, está buscando no lugar errado. Uma vida sem Deus é, e sempre será, uma vida infeliz.

A Palavra de Deus, em João 15,5, diz: "Sem mim nada podereis fazer", ou seja, sem Deus não vamos a lugar algum. Você pode até achar que isso não é real, mas, no fundo, você se depara com um vazio enorme, que torna a sua vida sem sentido.

Veja quantas famílias estão se destruindo porque não têm Deus ou não se lembram de Deus, envolvendo-se em confusões, brigas, violência. Há muitos que até vão para a igreja, mas é preciso refletir: qual foi a última vez que você fez uma oração em que se colocou nas mãos de Deus? Devemos ter a humildade de buscar a Deus.

Para tudo na vida existe um tempo: tempo de nascer, tempo de morrer, tempo de plantar, tempo de colher, tempo de sorrir e de chorar. Se existe tempo para tudo, será que não existe também para Deus? Se você se encontra vazio, se sua vida está sem sentido, é porque falta Deus em sua vida. Participe, busque a igreja. Busque o Senhor antes que seja tarde, só assim será feliz e abençoado.

Colhemos o que plantamos

Quem fica observando o vento, não semeia; quem fica a olhar as nuvens, nunca há de colher (Ecl 11,4).

A lei da semeadura e da colheita rege toda a nossa vida. Na Bíblia podemos encontrar vários versículos sobre este assunto: "o que semear a perversidade colherá males" (Pr 22,8) e "o que semeia justiça recebe galardão seguro" (Pr 11,18). Todos nós colhemos o que plantamos.

Podemos notar que pessoas que vivem da agricultura se sentem felizes no período da colheita. A Palavra de Deus nos diz: "Sete dias celebrarás a festa ao Senhor teu Deus, no lugar que o Senhor escolher; porque o Senhor teu Deus te há de abençoar em toda a tua colheita, e em todo o trabalho das tuas mãos; por isso certamente te alegrarás" (Dt 16,15).

Todos nós somos chamados a semear e a colher o que plantamos: se plantarmos ventos, colheremos tempestades; se semearmos amor, colheremos amor; se semearmos discórdia, colheremos ódio e desavenças. Tudo que acontece na nossa vida é consequência dos nossos atos. Portanto, sejamos semeadores de sonhos e esperanças, pois, quando semeamos, devemos confiar que "quem dá o crescimento é Deus".

A Palavra de Deus nos diz que não nos precisamos preocupar com o tipo de solo, mas com o semear. Como é que vamos semear? Nós podemos semear com as mãos, com palavras, com o coração. Cabe a você escolher a melhor maneira de realizar a sua semeadura, e o resto é só deixar nas mãos de Deus, que ele fará crescer a sua plantação e o abençoará. Pois, "aquele que colhe já recebe o salário; ele ajunta fruto para a vida eterna. Assim, o que semeia se alegra junto com o que colhe" (Jo 4,36).

O que é impossível para os homens, é possível para Deus

Ainda que eu atravesse o vale escuro, nada temerei, pois estais comigo. Vosso bordão e vosso báculo são o meu amparo (Sl 22,4).

Quando falamos de "vale da morte", nos referimos às nossas dificuldades e lamentações do dia a dia, mas quem tem Deus, diz o salmista, "nada temerá". "O Senhor está ao nosso lado como um forte guerreiro", portanto, não serão as lamentações, o choro, as dificuldades que nos vão derrotar. Precisamos levantar a cabeça e confiar no Senhor, pois ele está conosco. Não temamos! Se o Senhor está conosco, temos a capacidade de enfrentar as coisas mais impossíveis, por isso, lutemos! Porque essa força pode não vir de nós mesmos, mas vem de Deus.

Gostaria de compartilhar a história de uma professora que pediu aos alunos que escrevessem tudo aquilo que imaginassem ser impossível para eles, e a frase inicial do texto era: "Não consigo". Os alunos tinham, então, que escrever aquilo que para eles era algo impossível de conseguir, de superar. Foram diversas respostas, das mais variadas possíveis, como, por exemplo: não consigo acordar cedo, não consigo cuidar do meu quarto etc. Cada aluno foi mencionando o que não conseguia, o que se revelava como um obstáculo na sua vida. Depois, a professora pegou todas as respostas, colocou numa caixa e foi até o jardim e as enterrou. Então, convidou os alunos a voltarem para a sala de aula e escreveu com letras bem grandes no quadro: "o impossível morreu", e aconselhou as crianças a não tocarem mais no assunto, pois ele estava morto e enterrado.

Lembre-se de que em todos os momentos da vida o Senhor estará a seu lado como um forte guerreiro. Não tenha medo, porque ele estará sempre contigo. Pare de dizer que você não consegue ou que algo é impossível. Está na hora de fazer como a professora: enterrar tudo aquilo que acredita ser impossível. Talvez até seja impossível, mas, com fé no Senhor, você alcançará o que deseja, porque não foi criado para a derrota e, sim, para a vitória. Principalmente você que tem Deus e profetiza sua fé, não se deixe abater por ideias pessimistas, ou até mesmo por pessoas que estão a seu redor e ficam dizendo que não irá conseguir. O que é impossível para os homens, é possível para Deus.

Que nosso Senhor possa abençoá-lo, fortalecê-lo e, acima de tudo, que guie você na certeza de que não está sozinho. Você não nasceu para a derrota, mas, sim, para a vitória, e nada é impossível para aquele que professa a fé em Jesus, "tudo posso naquele que me fortalece" (Fl 4,13).

Cura pelo perdão

Pois, se perdoarem as ofensas uns dos outros,
o Pai celestial também perdoará vocês.
Mas, se não perdoarem uns aos outros,
o Pai celestial não perdoará as ofensas de vocês
(Mt 6,14-15).

Não tenham vergonha de pedir perdão quando cometerem algum erro. Aprendam a colocar o orgulho de lado e tenham a humildade de reconhecer seus erros. Também não é fácil perdoar e esquecer aqueles que nos ofenderam.

Quantas pessoas guardam feridas, por anos e anos no seu coração. Se isso estiver acontecendo na sua vida, peça ao Senhor que tire de seu coração toda amargura e todo sofrimento. Sempre peço ao Senhor que, aconteça o que acontecer na minha vida, que eu possa viver sem amargura no coração. Existem feridas que não são visíveis, porque são internas, mas que sangram muito.

Não é fácil dominar o nosso caráter sem que, na maioria das vezes, despejemos a nossa raiva sobre as outras pessoas. Muitas vezes somos agressivos, quando algo não sai conforme o planejado. A derrota não é fácil nem bem-vinda. Nessas horas, é necessário que peçamos perdão ao outro a quem machucamos com palavras e atitudes rudes. Sei que não é simples, mas a verdade é que nem sempre devemos procurar o caminho mais fácil, e sim aquele que nos leve a alcançar melhores resultados. "Pois, se perdoarem as ofensas uns dos outros, o Pai celestial também perdoará vocês. Mas, se não perdoarem uns aos outros, o Pai celestial não perdoará as ofensas de vocês" (Mt 6,14-15).

A busca da felicidade

Assim, concluí que nada é melhor para o homem do que alegrar-se e procurar bem-estar durante sua vida (Ecl 3,12).

A felicidade é o que nos move, é ela que nos leva a estudar, trabalhar, ter fé, realizar projetos e construir uma família. Vamos refletir sobre esse desejo, esse sonho, essa busca que está presente em todos nós, chamada felicidade.

Desde o momento do nosso nascimento, recebemos dos parentes os votos de que sejamos felizes. E, quando tomamos consciência de que cada uma dessas conquistas é a coisa mais importante do mundo, nos sentimos com força para correr atrás dessa tal felicidade.

Quando conseguimos a tão sonhada felicidade, surgem novos desafios, ou seja, a felicidade é uma busca constante do ser humano, não é algo que se consegue e pronto! É preciso ir mais além. E esse "ir mais além" se chama Deus. "Provem e vejam como o Senhor é bom. Como é feliz o homem que nele se refugia!" (Sl 34,8).

Lendo um artigo sobre a busca da felicidade, o autor a definiu "como uma cenoura pendurada numa vara de pescar colocada a nossa frente. Às vezes, com muito esforço, conseguimos dar uma mordidinha. Mas a cenoura continua lá adiante, apetitosa, nos empurrando para a frente". Segundo ele, a felicidade é um truque. Portanto, temos que ir devagar e, acima de tudo, temos que encontrar um sentido para a nossa vida. E esse sentido nós só encontraremos quando tivermos o temor de Deus. "Como é feliz quem teme o Senhor, quem anda em seus caminhos! Você comerá do fruto do seu trabalho e será feliz e próspero" (Sl 128,1-2).

Ser feliz não é viver só de festas ou dando gargalhadas. "Como é feliz aquele que não segue o conselho dos ímpios, não imita a conduta dos pecadores, nem se assenta na roda dos zombadores!". Há muitas pessoas que vivem assim, mas que são profundamente infelizes e, ao retornar para suas casas, percebem, na solidão do seu quarto e no vazio de seu coração, o quanto elas necessitam de algo verdadeiro que as tornem realmente felizes. A felicidade vem de uma vida de obediência a Deus, que quer nosso bem, e quando lhe obedecemos, ele nos abençoa com a felicidade.

Quem ama a Deus e faz o bem ao seu irmão, encontra a verdadeira satisfação de viver a felicidade. Podemos ser felizes mesmo em meio a sofrimentos. Sabemos que nossos sofrimentos são passageiros e que no fim obteremos a vitória. Deus recompensa quem se mantém firme até o fim. Nossa felicidade está em Deus, não nas circunstâncias da vida. Portanto, se quer realmente ser feliz, "deleite-se no Senhor, e ele atenderá aos desejos do seu coração" (Sl 37,4).

Indo à luta!

Desde a época de João Batista até o presente, o Reino dos céus é arrebatado à força e são os violentos que o conquistam (Mt 11,12).

Não basta somente querer uma determinada coisa, é indispensável pôr em prática os meios para alcançá-la. Querer e não acionar os meios é incoerência, tolice e acomodação. Sonhos só se tornam realidade se batalharmos e corrermos atrás. Não conseguimos a realização dos sonhos se não tivermos coragem de ir à luta.

Aquele que luta e confia no Senhor chegará à vitória. É em meio às lutas, com fé em Deus, que nos fortalecemos e aprendemos a buscar e a conquistar aquilo que desejamos. Coloque toda a sua confiança em Deus. Os problemas e as dificuldades não são eternos e, mesmo que de antemão os rejeitemos, não nos podemos esquecer de que eles servem para o nosso aprendizado.

Se você pretende lutar sozinho, sem contar com a ajuda de Deus, sinto muito em lhe dizer que a sua vitória nunca chegará. Porque a vitória necessita de seu esforço, mas também do apoio incondicional de Deus. "Os que confiam no Senhor são como os montes de Sião que não se abalam, mas permanecem para sempre" (cf. 124,1).

Vamos sonhar e lutar por aquilo que queremos, depositando a nossa confiança sempre no Senhor, que diz: "sem mim nada podeis fazer" (Jo 15,5).

O medo bateu à minha porta

*Tem ânimo, não temas,
não vacile o teu coração (Is 7,4).*

Ter controle sobre os medos e agitações é o segredo de superação de qualquer desafio. Serenidade, coragem e sabedoria são indispensáveis nesses momentos. Para melhor compreensão do que acabo de afirmar, gostaria de ilustrar com uma pequena história: "Estando tranquilamente em minha casa, onde o silêncio era reinante, o medo bateu à minha porta. Uma agitação tomou conta de mim e, quase num impulso, levantei-me e fui até a porta para saber quem estava batendo, mas, para minha surpresa, ninguém estava lá...".

Quem de nós já não passou por alguma situação parecida com essa? O ser humano tem por hábito não aceitar e até mesmo repelir tudo aquilo que não entende ou não conhece. A primeira sensação é de temor diante do desconhecido. Existem pessoas que passam toda a sua vida com medo, sem ter coragem de enfrentá-lo. Passamos noites inteiras sem dormir, pensando como será o futuro.

A Palavra de Deus, no livro do profeta Isaías 7,4, nos diz o seguinte: "Procura estar calmo. Não temas e nem estremeça teu coração por causa desses dois pedaços de tições fumegantes". Muitas vezes ficamos agitados sem motivo algum. Criamos "fantasmas onde não existem". Sem mais nem menos colocamos na cabeça, por exemplo, que o nosso companheiro está nos traindo, e esse pensamento, surgido do nada, já é motivo para nos agitarmos e ficarmos com medo. Lembre-se: "o medo não mata ninguém, mas, em exagero, leva ao descontrole, e este sim é perigoso. Uma pessoa descontrolada, em pânico, faz coisas que, de fato, colocam ela própria em risco e, às vezes, até outras pessoas". Quando isso acontecer, reze, reflita e peça ao Senhor que dê a você calma e que afaste todo tipo de pensamento ruim.

Outro dia, liguei a televisão em um desses canais fechados, onde passava um filme chamado *As férias da minha vida*, que relatava a história de uma mulher bastante tímida que, após ser diagnosticada como portadora de uma doença terminal, decide mudar radicalmente de vida. Após fazer uma revolução em seu guarda-roupa, ela resolve partir para a Europa, a fim de curtir ao máximo o período que ainda lhe restava de vida. Ao retornar das férias, realiza novos exames e descobre que não tinha absolutamente nada. Ela, então, diz aos médicos: "Como vocês fizerem uma coisa dessas comigo, me deixando agitada e com medo sem razão alguma?". Achei interessante essa parte do filme, porque muitas vezes ficamos agitados e com muito medo e, no final, descobrimos que não havia motivos para isso.

Convido você a rezar e a refletir sobre seus medos e agitações e, se algo o incomoda e faz você tremer, ouça o que o Senhor nos diz: calma, calma, calma!

Não agite seu coração por causa de algo que não existe. Em oração, peça a Deus que afaste toda agitação que perturba você neste momento, seja ela por razão familiar, profissional, traição ou doença. Enfrente os seus medos com o poder de Deus e diga em seu coração: "O Senhor está comigo! Não vou me entregar! Enfrentarei os meus medos e agitações com serenidade, calma; com a coragem que nos dá a sede de vitória e com a sabedoria que nos proporciona o conhecimento necessário para enfrentar os próximos desafios".

Armadilhas do dinheiro

*O pouco que o justo possui
vale mais do que as imponências dos ímpios (Sl 37,16).*

Todos nós sabemos que não é o dinheiro que traz felicidade, mas precisamos dele para nossa sobrevivência. O dinheiro pode contribuir para a sua felicidade, mas isso não quer dizer que ele sempre proporciona o contentamento suficiente para alguém ser feliz. Para uns, ele é fundamental; para outros, é uma forma de poder de influência em nosso estado emocional e, consequentemente, em nossa vida.

Não podemos condenar o dinheiro, pois sabemos da sua importância, mas a questão é a posição em que o homem vem se colocando em relação ao dinheiro e aos bens materiais. O dinheiro não pode ser símbolo de ganância, exploração e controle. Precisamos estar atentos e não nos deixar seduzir por ele.

Se o dinheiro entra em sua vida através de um trabalho honesto que lhe dá alegria e prazer, você vai saber utilizá-lo para proporcionar felicidade e bem-estar a outras pessoas, e com isso se tornará cada vez mais feliz. Agora, o que não pode é se tornar escravo do dinheiro, viver apegado aos bens materiais. Muitas relações se desfazem por conta do dinheiro, muitas pessoas cometem crimes absurdos motivados pela ganância do querer sempre mais e mais.

Algumas pessoas se aproximam de outras pelo que elas têm na conta bancária e não pelas suas verdadeiras qualidades.

"Os que querem ficar ricos caem em tentação, em armadilhas e em muitos desejos descontrolados e nocivos, que levam os homens a mergulhar na ruína e na destruição, pois o amor ao dinheiro é a raiz de todos os males. Algumas pessoas, por cobiçarem o dinheiro, desviaram-se da fé e se atormentaram com muitos sofrimentos" (cf. 1Tm 6,9-10). É bom entendermos bem o texto aqui mencionado para não fazermos uma interpretação errada. Precisamos do dinheiro, mas não podemos deixar que ele seja o centro de nossa vida, nem que seja causa de ruína e destruição. O dinheiro deve estar a serviço do homem e não o contrário.

"Não acumulem para vocês tesouros na terra, onde a traça e a ferrugem destroem e onde os ladrões arrombam e furtam. Mas acumulem para vocês tesouros nos céus, onde a traça e a ferrugem não destroem e onde os ladrões não arrombam nem furtam. Pois onde estiver o seu tesouro, aí também estará o seu coração" (Mt 6,19-21).

Corra atrás dos seus sonhos

... E pôs-se a caminho com toda a sua gente, indo a Baalé de Judá, para trazer dali a arca de Deus (2Sm 6,2).

Colocar-se a caminho significa buscar uma direção, fazer exatamente aquilo que Davi fez. Ele desejava buscar a arca de Deus, e pôs-se a caminhar com toda a sua gente. Para que possamos fazer uma caminhada, primeiro temos que sonhar, mas não um sonho adormecido, e, sim, sonhos acordados, lúcidos. Pois, tudo nasce a partir de um sonho, de um ideal, de um desejo.

Muita gente sonha, mas nem todos lutam para que seus sonhos se realizem. Não permita que ninguém destrua seus sonhos. Corra atrás deles, pois eles definirão o tamanho de sua vida. Se você sonha em ter uma profissão, estude, prepare-se para realizar o que deseja. Ficar só desejando, entretanto, de nada adiantará. Você precisa dar o primeiro passo para a realização de seus objetivos, do contrário, seus sonhos não terão êxito. A vida é uma sequência de desafios, nunca desista! Corra atrás dos seus sonhos, faça de tudo e realize-os, porque mais para a frente verá que tudo valeu a pena.

As dificuldades sempre existirão, quando desejamos e sonhamos com algo. Talvez esse seja o preço que pagamos por não desistir. A Palavra de Deus diz: "a cada momento ou a cada passo que Davi dava, sacrificava um boi e um bezerro". Muitas vezes, precisamos sacrificar os momentos de lazer com os amigos, com a nossa família, para nos dedicar ao nosso sonho. Se deseja passar em algum concurso ou no vestibular, por exemplo, você necessitará se debruçar sobre os livros e abrir mão, por alguns meses, da rotina que tinha anteriormente, somente assim obterá o sucesso tão almejado.

É através de muito esforço e dedicação que se conquistam os objetivos. Portanto, entre sonhar e realizar existe um longo caminho a percorrer. Seja como Davi e coloque-se a caminho!

Pensando no futuro

Ensina à criança o caminho que ela deve seguir;
mesmo quando envelhecer,
dele não há de se afastar (Pr 22,6).

Às vezes, achamos que tudo vai muito bem ao nosso redor. Aparentemente estamos felizes e tudo conspira a nosso favor. Mas de uma hora para outra tudo muda. O que antes era felicidade, transforma-se em tristeza; o que era seguro, passa a ser inseguro. E tudo isso acontece por não sabermos usar o presente para preparar o futuro. Se você não se preparar para os dias vindouros, certamente o fracasso lhe alcançará mais rápido do que você imagina. Os japoneses dizem que "na garupa do sucesso, vem sempre o fracasso".

Conheci um empresário, dono de uma grande empresa. Ele tinha três filhos e todas as vezes que nos encontrávamos perguntava-lhe o porquê de seus filhos não trabalharem com ele. A resposta era sempre a mesma: "Meus filhos são irresponsáveis e muito jovens, por esta razão prefiro eu mesmo administrar os meus negócios a colocá-los aqui, para me dar mais dor de cabeça". Eis que, de repente, acometido por um infarto fulminante, ele foi a óbito. E adivinhem o que aconteceu com a empresa? Faliu! Após seis meses. Quem foram os culpados? Foram os filhos, que eram irresponsáveis? Jovens demais? Ou o pai que não soube e não quis prepará-los para o futuro?

É ilusão querer viver o presente, sem se preocupar com o futuro. Um exemplo claro disso foi o ministério de Jesus. Ele pregou durante três anos, mas em determinado momento começou a ter dificuldades. Sabia que sozinho não poderia dar continuidade ao seu projeto, e, então, ele começou a preparar os discípulos para dar continuidade a sua missão. Chamou Pedro, chamou Tiago... Dizem que ele passava horas e horas com os discípulos ensinando-os. Qual era a preocupação dele? Era com o presente? Não! A sua preocupação era com o futuro do Reino de Deus.

"Ele chamou os doze discípulos e os enviou dois a dois, dando-lhes autoridade para expulsar espíritos maus. Deu ordem para não levarem nada na viagem, somente uma bengala para se apoiar. Não deviam levar comida, nem sacola, nem dinheiro. Deviam calçar sandálias e não levar nem uma túnica a mais" (Mt 6,7-9). Depois que os discípulos retornaram, Jesus os chamou e lhes perguntou como tinha sido. E cada um contou a sua experiência, mencionando suas alegrias e dificuldades. Assim, pouco a pouco, Jesus foi preparando os discípulos para o futuro. Graças a essa atitude, o terreno foi adubado em solo fértil, dando frutos por séculos e mais séculos até os dias de hoje.

Se Jesus pensava no futuro, a Igreja precisa fazer o mesmo. Uma Igreja que pensa no futuro é uma Igreja missionária. Ser missionário é anunciar, é falar de Deus para todas as pessoas. Só podemos ser missionários, se formos, primeiramente, discípulos e se tivermos intimidade com

Deus, pois não podemos falar daquilo que não conhecemos e não temos intimidade. A grande maioria dos católicos costuma ser fria. Vão à igreja, fazem uma "rezinha" e basta! Está na hora de acordar, de pensar no futuro da Igreja e dizer em alto e bom som: "Eu sou Igreja! Eu sou discípulo de Jesus e missionário!".

Muitas Igrejas passam a maior parte do tempo falando mal de outras religiões e esquecem-se de preparar os seus membros para o futuro. Precisamos falar de Deus! Precisamos anunciar o Reino de Deus. Temos que falar da nossa fé. Não podemos ter vergonha de falar da nossa Igreja, de convidar o irmão a vir à missa. Uma Igreja que pensa no futuro, uma Igreja missionária, precisa estar aberta para acolher o irmão que não frequenta ou que, por algum motivo, dela se afastou.

Fico feliz quando estou celebrando e vejo a igreja com muitos jovens e crianças correndo pelos corredores, isso demonstra que é uma igreja que caminha para o futuro, que não parou no tempo. Não podemos ficar só rezando, preocupados com a salvação individual. Precisamos abrir as nossas portas, encontrar novas dinâmicas para ir ao encontro do irmão.

Milagres em minha vida

Vieram os fariseus e puseram-se a disputar com ele e pediram-lhe um sinal do céu para pô-lo à prova (Mc 8,11).

Jesus semeou milagres por onde passou durante a sua vida. Porém, é bom lembrar que ele não queria ser visto como mágico ou milagreiro, haja vista ter proibido que seus milagres fossem divulgados. Depois de sua ressurreição, continuou a enviar sinais a seus discípulos, através da Igreja e da força da palavra. Seus sinais estão presentes em toda a criação e nos acontecimentos históricos. Eles podem ser percebidos pela fé.

Jesus diz: "em verdade vos declaro que, se tiverdes fé e não hesitardes, não só farei o que foi feito..." (cf. Mt 21,21). Os discípulos de Jesus no mundo atual são convocados a realizar o maior de todos os milagres, isto é, responder ao ódio com o amor.

Ao falar de tais manifestações (milagres), precisamos precaver-nos contra os numerosos charlatões que vão surgindo a cada dia, usando o nome de Jesus e prometendo coisas prodigiosas. Quando Jesus realizava algum milagre, pedia aos presentes que não contassem a ninguém. Ele agia de modo discreto e reservado. É bom, portanto, que prestemos atenção a esse aspecto. A mesma advertência deve ser feita a respeito daqueles sentimentos ilusórios que surgem na mente das pessoas desesperançadas, em consequência das palavras proferidas por falsos profetas. É certo que precisamos das bênçãos de Deus e que ele tem o poder de nos curar. Devemos, todavia, vigiar para não sermos facilmente enganados e desiludidos.

Desconfie daquele tipo de propaganda que continuamente fica noticiando sobre homens que realizam milagres, pois o próprio Jesus, ao fazer algum tipo de milagre, era muito reservado e recomendava que o fato não fosse espalhado. Por isso, não dê facilmente crédito ao que é propagado pelos meios de comunicação, procurando engendrar verdadeiros alvoroços. A prudência em julgar tais anúncios é virtude indispensável.

Percebemos, pelos Evangelhos, que Jesus fez poucos milagres. O maior milagre que o Senhor operou entre os homens foi a sua ressurreição. Por ela, Jesus continua vivo entre nós e nos dá força para também realizarmos o milagre do perdão e do amor.

Nos dias atuais, pelos meios de comunicação, encontramos pregadores e falsos profetas que propagam em uma única noite mais milagres do que o próprio Jesus realizou em todo o seu ministério. Jesus fez milagres sim, mas sempre num clima de discrição e respeito. Que Deus Pai nos ajude, nos dê sabedoria, nos liberte e proteja contra tais intemperanças e abusos.

Jamais desistir

Porque é Deus quem, segundo o seu beneplácito, realiza em vós o querer e o executar (Fl 2,13).

Não é raro encontrarmos pessoas completamente desanimadas. Muitas vezes, nós mesmos ficamos assim. Há momentos difíceis que acontecem na vida de cada um de nós, quer seja no trabalho, quer seja na nossa família, quer seja em outras atividades do nosso dia a dia, e isso nos acaba levando ao desânimo. Porém, o mais importante é lembrar que os momentos de desânimo podem funcionar como canais de fortalecimento da nossa fé e revigoramento da nossa capacidade de lutar para vencer.

Não nascemos para perder nem para sermos perdedores. Somos filhos amados de Deus e ele quer a nossa vitória, a nossa felicidade. Deus quer que estejamos bem no nosso trabalho, na nossa casa, em nossos empreendimentos. Então diga: "Não posso desistir; jamais vou entregar os pontos".

Procuremos descobrir a força interior que há dentro de nós. Que Deus nos desperte para a vontade de lutar, sem nunca desistir. Jamais digamos que não iremos mais conseguir lutar. Tantos passam por situações iguais ou semelhantes, e até piores, porém, conseguem superar. Portanto, não entreguemos os pontos.

Tenho uma experiência muito interessante que compartilho com alguns amigos. Quando trabalhava em certa comunidade em São Luís, enfrentei alguns momentos de muitas dificuldades, entre elas, as viagens que fazia e que me deixavam desanimado. Em meio a meus conflitos, eu olhava o problema do outro e me perguntava por que estava me perdendo dentro de um problema, se existiam obstáculos bem maiores do que os meus. O que temos de fazer, quando estivermos diante de um sofrimento, é dirigir o nosso olhar para os óbices dos outros, para a peleja e, finalmente, para a vitória alcançada diante das vicissitudes da vida.

Nas batalhas a serem enfrentadas, quer sejam elas pessoais, quer sejam de solidariedade ao próximo, precisamos ser determinados, corajosos. Às vezes, a nossa tristeza vem da falta de reconhecimento da parte de alguém a quem ajudamos. Mesmo assim, não podemos desanimar, pelo contrário, é preciso estar sempre disposto a ajudar, pois isso faz com que nos sintamos mais realizados e melhora nossos relacionamentos.

É dentro de nós que Deus se manifesta. Onde Deus habita não há lugar para o pessimismo. Sejamos otimistas. O fato de confiarmos em Deus e em nós mesmos reforça as nossas capacidades.

Quando temos algo em um computador que não serve mais, que não queremos mais, nós apagamos. Precisamos encontrar nos teclados da vida a tecla "delete" e pressioná-la, para apagarmos a tendência a pensar negativamente, assim como tantos outros sentimentos que em nada contribuem para a nossa vida.

A você que está desanimado, sem força, querendo entregar os pontos, quero aconselhar a sempre pensar positivamente e a não parar jamais de lutar. Que Deus seja louvado e que ele possa dar ânimo a você.

Deus nos diz: "É Deus que desperta em vocês a vontade e a ação". Então, que Deus seja a sua força, para que você não desista nunca, indo sempre em busca do melhor.

Palavras que fazem milagres

Dou graças a Deus, a quem sirvo
com a consciência limpa,
como o serviram os meus antepassados,
ao lembrar-me constantemente de você, noite e dia,
em minhas orações (2Tm 1,3).

O Papa Francisco recordou em uma de suas reflexões uma regra simples, mas quase sempre esquecida nas relações humanas, principalmente quando se trata da vida em família. Sua proposta é usar três palavras-chave: obrigado, com licença, desculpe. Se em nossos relacionamentos usarmos estas palavras, tudo ficará mais fácil de resolver.

Vivemos em um turbilhão de atividades e nos esquecemos de agradecer. Quem ama a Deus tem que ser grato e agradecer constantemente, porque recebemos muito mais do que merecemos. Somos livres e salvos graças a Jesus, e isso é um presente de Deus! Devemos ser agradecidos a Deus, mas também às pessoas à nossa volta que nos abençoam. Você já agradeceu a alguém hoje? Já agradeceu a Deus pelas bênçãos recebidas? "Deem graças em todas as circunstâncias, pois esta é a vontade de Deus para vocês em Cristo Jesus" (1Ts 5,18).

É muito triste encontrar pessoas que só sabem lamentar, pessoas amargas com a vida, que não conseguem enxergar nada além de seu "próprio umbigo". As bênçãos chegam à sua vida e elas nem percebem, pois pensam que Deus tem a obrigação de ajudá-las eternamente. Pessoas assim são egoístas e pensam somente em si mesmas.

Façamos uma reflexão sobre a necessidade de sermos gratos a Deus, por todas as maravilhas que ele tem feito na nossa vida, na nossa família, no nosso trabalho. Algumas pessoas passam anos sem ter um trabalho e, quando finalmente conseguem, não se lembram de erguer os braços a Deus para louvar e agradecer a bênção recebida.

Há inúmeros motivos para agradecer, do amanhecer ao entardecer. Reflitamos sobre estas três palavras que podem fazer verdadeiros milagres: obrigado, com licença, desculpe. Agradeça sempre a Deus e a todas as pessoas. Peça licença ao entrar em ambientes particulares, e, quando errar, não se envergonhe de pedir desculpas e se reconciliar. Essas palavras que o papa destacou devem estar presentes diariamente em nossa vida, pois são palavras transformadoras e que fazem verdadeiros milagres.

Senhor, o que queres que eu faça?

Então, eu disse: "Senhor, que devo fazer?"
E o Senhor me respondeu: "Levanta-te,
vai a Damasco e lá te será dito
tudo o que deves fazer" (At 22,10).

Saulo de Tarso, um inimigo de Jesus, vai a Damasco em perseguição aos discípulos. No caminho ele tem um encontro com Jesus, cai do cavalo e passa por uma profunda experiência com Deus. Diante dessa experiência e da pergunta provinda do Senhor: "Saulo, Saulo, por que me persegues", ele se coloca nas mãos de Deus e lhe diz: "Senhor, que queres que eu faça" (cf. At 9,3-6).

Essa expressão é a mesma de São Francisco de Assis em um dado momento de sua vida, demonstrando uma profunda experiência de Deus. Quando um homem chega ao ponto de perguntar o que Deus quer dele, é porque já deu um passo importante na vida e no seu processo de conversão. Se o homem for sincero e se colocar diante de Deus para fazer essa pergunta, ele já pode ser considerado alguém que se está inserindo no projeto de Deus, na vontade de Deus, colocando-se à disposição daquilo que Deus tem a dizer.

O questionamento que queremos fazer é exatamente esse: você tem coragem de se colocar diante de Deus e lhe perguntar, "Senhor, o que tu queres que eu faça?". Por exemplo, quando as coisas começam a desandar na família, no trabalho e nos relacionamentos e você fica sem saber o que fazer ou que atitudes tomar, é hora de se colocar diante de Deus e perguntar-lhe: "Senhor, o que tu queres que eu faça?".

Precisamos saber ouvir aquilo que Deus tem a nos dizer, pois nem sempre a resposta dele é o que imaginamos. E, às vezes, idealizamos os nossos projetos, tomamos atitudes, e não ouvimos aquilo que Deus tem para nos dizer, não sabemos qual é o projeto dele para nós. A Palavra de Deus diz: "Pois os meus pensamentos não são os vossos e o vosso modo de agir não é meu" (Is 55,8).

Então, em meio a esses momentos difíceis, o homem é convidado a se colocar diante de Deus e a abrir-se, como fez Paulo e Francisco de Assis: "Senhor, o que tu queres que eu faça?". Não deve ser uma pergunta só da boca para fora, mas algo que venha do coração, tendo a convicção e paciência de esperar pela resposta de Deus.

São Paulo e São Francisco foram homens que, ao ouvirem a resposta de Deus, transformaram por completo suas vidas. Paulo, antes um grande perseguidor de Jesus, se transforma em um missionário evangelizador; Francisco de Assis, um jovem sonhador, que desejava poder, glória, dinheiro, bem-estar e diversão, aceitou o projeto que Deus tinha para ele.

Esta reflexão nos convida a parar e olhar para a nossa própria vida, em qualquer que seja o momento, seja de alegria, de tristeza, de sucesso ou de desânimo. Devemos nos colocar diante de Deus e perguntar o que ele deseja de nós.

Procure ouvir aquilo que Deus tem a lhe dizer e pergunte a ele qual é o projeto que tem para sua vida, para sua família, para seu trabalho. Se tiver coragem de fazer essa pergunta ao Senhor, e se ela brotar de você com sinceridade, já terá tudo para dar certo, porque é uma pergunta feita com o coração, honesta, e assim será recebida por Deus.

Subindo a montanha para rezar

*Jesus tomou consigo Pedro, Tiago e João,
e subiu ao monte para orar (Lc 9,28).*

No exercício de seu ministério, Jesus em um dado momento sente a necessidade de se recolher e orar ao Senhor. Ele, então, convida os discípulos a subirem a uma montanha: "tomou consigo Pedro, Tiago e João, seu irmão, e conduziu-os à parte a uma alta montanha. Lá se transfigurou na presença deles: o seu rosto brilhou como o sol, suas vestes tornaram-se resplandecentes de brancura. E eis que apareceram Moisés e Elias conversando com Jesus" (Mt 17,1-3).

Essa montanha se chama Monte Tabor e lá se encontra a Basílica da Transfiguração, onde estão representadas as três tendas citadas nos Evangelhos que narram a transfiguração: as tendas de Moisés e de Elias, que estão em pequenas capelas, e a tenda do Senhor, que se encontra na nave central. O altar é decorado com mosaicos que representam as diversas transfigurações do Senhor: nascimento, Eucaristia, morte e ressurreição.

Moisés e Elias, mencionados na passagem da transfiguração, receberam as suas revelações num monte. O monte ou montanha, no Antigo Testamento, era o local onde o profeta ou uma pessoa temente a Deus subia para fazer suas orações e sua experiência com Deus.

Assim como Moisés e Elias ficaram completamente resplandecentes depois de ter a sua experiência com Deus, Jesus também, com essa experiência no Monte Tabor, se transfigura. Porque é impossível se apresentar diante de Deus e não se transformar interna e externamente. Essa experiência com Deus fez com que Jesus fosse a Jerusalém para enfrentar tudo o que seus algozes preparavam para ele: a perseguição e a morte na cruz.

Cada um de nós, nos momentos mais difíceis da vida, precisa fazer a experiência da transfiguração, precisa se recolher em profundo silêncio e oração para ouvir, escutar e seguir o que o Senhor tem a dizer em todas as circunstâncias de nossa vida.

Nosso espírito precisa se fortalecer, precisa ter o encontro face a face com o Senhor, pois somente através desse encontro é que nos poderemos tornar homens e mulheres totalmente transformados pelo poder do Espírito Santo.

Doenças e sofrimentos fazem parte da vida

Porque o salário do pecado é a morte, enquanto o dom de Deus é a vida eterna em Cristo Jesus, nosso Senhor (Rm 6,23).

Estamos sempre tentando fugir do sofrimento. Não queremos o sofrimento, mas é através dele que somos purificados. Somente quem já sofreu sabe exatamente o que isso significa. A doença é algo que, muitas vezes, nos traz padecimento, e isso nos modela e nos leva a uma reflexão sobre o verdadeiro sentido da vida.

O sofrimento é inerente à vida do ser humano. No mundo devem existir mais de dois milhões de doentes, e um dia nós faremos parte dessa triste estatística. Por isso, é bom realizarmos uma reflexão sobre esse mal físico que afeta a nossa vida e nos faz escalar os cumes do amor de Deus e do amor ao próximo.

A doença pode ser uma luz que ilumina o mistério do nosso futuro, pois ela nos lembra das nossas fragilidades, nos faz acordar, dando-nos uma nova visão, antes impedida por vaidade, materialismo e futilidades. Através da doença, tomamos consciência da nossa caducidade e de que não ficaremos aqui eternamente, estamos somente de passagem.

O que realmente importa nesta vida é que Deus nunca morre e que somente nele podemos depositar a nossa confiança.

Precisamos cuidar da nossa saúde, para termos uma vida saudável, mas a doença é inevitável. Por maior que seja o mal que traga à nossa vida, ela é uma oportunidade de nos aproximarmos de Deus, transformando-nos em pessoas novas e que creem que ele é o único que vai permanecer para sempre, nos libertando de todas as dores e sofrimentos.

Miserere:
tende piedade de mim

*Se dizemos que não temos pecado,
enganamo-nos a nós mesmos,
e a verdade não está em nós (1Jo 1,8).*

Se dissermos que não temos pecado, estaremos enganando a nós mesmos, porque a verdade não está em nós, mas em reconhecermos as nossas impurezas. Ao reconhecermos os nossos pecados, Deus é fiel e justo para nos perdoar e nos purificar de toda iniquidade. Temos pecados e precisamos ser purificados. Diz o salmista: "Tem piedade de mim, Senhor, segundo a tua bondade. E conforme a imensidão de tua misericórdia, apaga a minha iniquidade. Lava-me totalmente da minha falta, e purifica-me do meu pecado. Eu reconheço a minha iniquidade; diante de mim está sempre o meu pecado" (Sl 50,3-5).

Se alguém disser que o seu coração é puro e limpo de pecado, está cometendo um grande engano, pois a vida é como um rio: as águas dos rios deslizam silenciosamente e vão deixando as suas impurezas por onde passam. Águas turbulentas são sinal de que o rio passou por algum lugar que o deixou contaminado. Já quando as águas são limpas, elas vão deixando atrás de si a umidade e o frescor.

Perceba a relação que existe entre o rio e a vida: a vida pode ser como o rio de águas sujas, que passa e vai deixando suas impurezas. Ou como o rio de águas limpas, que deixa umidade e frescor. O pecado é como a água suja, e quem dela bebe se contamina e morre. Em Ezequiel 36,25, Deus diz a Judá: "Derramarei sobre vós água pura e sereis purificados. Eu vos purificarei de todas as impurezas e de todos os ídolos".

Quando abandonamos o pecado e mudamos nosso coração, nossa vida se torna um grande rio de águas limpas que vai purificando tudo por onde passa, fazendo brotar um belo jardim. Em Efésios 4, Paulo fala sobre a mudança em nossa vida que deve ter lugar quando nos tornamos cristãos. Ele chama isso de despojar o velho e vestir-se do novo homem. Ao final de cada jornada, ou até mesmo no final da sua vida, você olhará para trás e não se envergonhará do que fez, mas se sentirá feliz por seus atos e suas obras. Afinal, graças a Deus você se tornou uma nova pessoa, renovada no espírito e na mente. E agora é uma nova criatura, pois as coisas velhas já se passaram, eis que tudo se fez novo.

Não julgueis para que não sejais julgados

Por que vês tu o argueiro no olho de teu irmão e não reparas na trave que está no teu olho? (Lc 6,41).

Com frequência nos descuidamos de nossa vida e ficamos preocupados com a vida alheia. Jesus diz: "Por que observas o cisco no olho do teu irmão e não reparas na trave que está no teu próprio olho?" (Mt 7,3). Como podemos querer tirar o cisco do olho de nosso irmão, se temos em nossos próprios olhos sujeiras que nos impedem de ver e de observar a realidade à nossa volta com clareza e imparcialidade?

A preocupação com o outro na intenção de ajudá-lo é algo benéfico, mas ficar se metendo, apenas com o intuito de prejudicar, é algo inaceitável e que não agrada a Deus. "Portanto, não julguem nada antes da hora devida; esperem até que o Senhor venha. Ele trará à luz o que está oculto nas trevas e manifestará as intenções dos corações. Nessa ocasião, cada um receberá de Deus a sua aprovação" (1Cor 4,5).

O egoísmo e a maledicência nos levam a enxergar no outro toda espécie de defeitos e a aumentá-los de acordo com a nossa intenção. Já tive o desprazer de conhecer pessoas que criam sua própria verdade e que, por mais que tentemos persuadi-las do contrário, não adianta, elas continuam cegas para qualquer argumento. Essas pessoas são cegas de alma e de espírito.

Portanto, procuremos nos corrigir e ser coerentes, antes de julgar os outros e de apontar o dedo para qualquer pessoa. Busquemos conhecer a história de vida dessa pessoa e, depois, ajamos com prudência e piedade, sem fazer julgamento. "Deixemos de julgar uns aos outros. Em vez disso, façamos o propósito de não pôr pedra de tropeço ou obstáculo no caminho do irmão" (Rm 14,13).

Confie no Senhor

Vinde a mim, vós todos que estais aflitos sob o fardo, e eu vos aliviarei (Mt 11,28).

Em certos momentos de nossa vida, diante de alguns acontecimentos e fatos, nos sentimos pesados, como se estivéssemos carregando toneladas e toneladas sobre nossos ombros. Nessas horas, a vontade que temos é de jogar tudo para o alto, parar e desaparecer. Não sabemos o que fazer para aliviar o peso das responsabilidades assumidas na família, no trabalho, no dia a dia.

Quando nos sentimos assim, sem saber o que fazer nem a quem recorrer, a atitude mais acertada é depositar a nossa confiança em Deus, pois "o Senhor é bom, um refúgio em tempos de angústia. Ele protege os que nele confiam" (Na 1,7). Que bom saber que Deus é o nosso refúgio e a nossa proteção, portanto, não precisamos temer mal algum, pois ele sempre estará ao nosso lado para nos acolher e nos amparar.

"Vinde a mim, todos vós que estais cansados e carregados de fardos, e eu vos darei descanso. Tomai sobre vós o meu jugo e sede discípulos meus, porque sou manso e humilde de coração, e encontrareis descanso para vós. Pois o meu jugo é suave e o meu fardo é leve" (Mt 11,28-30).

Gostaria de recordar uma canção antiga que ajuda a entender melhor essa reflexão: "Eu confio em Nosso Senhor, com fé e esperança e amor...". Quando não tiver mais saída e não houver mais em quem confiar, deposite sua confiança no Senhor e sempre achará motivo para seguir o seu caminho, de forma alegre, leve e confiante.

Evangelizar por meio da alegria

Alegrai-vos sempre no Senhor!
Repito: alegrai-vos (Fl 4,4).

São Francisco foi um homem envolto numa atmosfera de irresistível simpatia, ternura e encanto. Foi assim que ele conquistou os homens de seu tempo e de todos os tempos, e fez com que tantos se apaixonassem pelo seu carisma. Como discípulos de Jesus, temos o dever particular de dar visibilidade ao Evangelho. Devemos apresentar Cristo aos homens e à sociedade. Este é o nosso compromisso, assim como foi o de São Francisco.

Os homens e a sociedade de hoje têm necessidade de ver rostos de pessoas alegres, realizadas. Somente assim o nosso rosto e a nossa vida irradiarão a alegria que evangeliza. A alegria presente em nossa vida, por si só, já evangeliza um mundo triste e sem esperança. Olhando para São Francisco e tomando-o como exemplo, o principal convite que faço é para evangelizar por meio da alegria.

A coisa mais importante na vida não é aquilo que fazemos, que organizamos, nem mesmos os nossos empreendimentos e projetos, mas aquilo que somos, isto é, o que conta é a nossa vida e como estamos vivendo a nossa consagração a Deus. Devemos acreditar em nossa vocação, na santidade, na comunidade, na vocação pessoal de cada um. Cada irmão é um tesouro que nos foi dado, e juntos faremos acontecer Jesus no coração dos homens.

Devemos ter cuidado para não deixar infundir em nossas comunidades o vento da pouca esperança, do individualismo, da inveja e da tristeza. Esses ventos destroem lentamente a alma da comunidade.

Sabemos em quem depositamos a nossa fé. Conhecemos muito bem o que diziam os primeiros cristãos: "vejam como eles se amam"! Deixar que a vida cristã favoreça esses ventos é errar verdadeiramente quanto ao sentido da vida em comunidade. Devemos aprender a viver o perdão em nossas comunidades, a escutar o outro, a conviver e a fazer festa. A festa simboliza o nosso compartilhar. Uma das coisas mais importantes da nossa vida é o gosto de estar com o outro, é o encontro com o irmão. Aqui, não se trata de competir com as casas noturnas, mas de mostrar a beleza de se sentir em família; a família católica cria, assim, um clima de acolhimento festivo, de modo que a pessoa que entrar ali sente a presença viva do Senhor e, consequentemente, da comunidade. A paz e o gosto de estar juntos é um sinal do Reino de Deus.

"Alegrai-vos sempre no Senhor! Repito: alegrai-vos" (Fl 4,4). O cristão que desconhece o contentamento e a alegria jamais será testemunha convincente: "mostra-me quem é, e o que te faz feliz que eu te seguirei". A tristeza é o pior testemunho de incoerência que um cristão pode oferecer. Uma vida sem alegria, sem festa, é uma vida que se extingue. Em pouco tempo, essa vida será tentada a procurar em outro lugar o que não encontra na comunidade. Um cristão exuberante de alegria é uma verdadeira dádiva do alto, para a Igreja e para sua comunidade.

É muito importante cultivar a alegria na vida comunitária. O trabalho excessivo pode apagá-la, o zelo excessivo, por alguns motivos, pode nos levar a esquecê-la, a contínua interrogação sobre a própria identidade e o próprio futuro pode obscurecê-la. Mas o saber festejar juntos, concedendo-se momentos de relaxamento, o distanciar-se de quando em quando do trabalho, o regozijar-se com as alegrias do irmão, tudo isso alimenta a serenidade, a paz e a alegria.

Milagres do dia a dia

Esta geração adúltera e perversa pede um sinal, mas não lhe será dado outro sinal do que aquele do profeta Jonas (Mt 12,39).

Diariamente, no exercício do meu ministério, estou sempre em contato com muitas pessoas que me procuram por diversos motivos. Os casos mais frequentes são os de pessoas com problemas e que buscam a bênção do sacerdote, à espera de um milagre. Observo que algumas delas não esperam, mas exigem de Deus que esse milagre aconteça, para que elas possam acreditar no seu poder. Algumas se afastam da Igreja e vão à procura de outros segmentos religiosos, onde recebem promessas de milagres imediatos.

Confesso que já me encontrei em muitas situações difíceis diante desses fiéis que buscam milagres imediatos e que imaginam Deus como um comprimido que se toma para aliviar uma dor. Buscar Deus apenas nos momentos de dificuldades não é correto. Deus não é um medicamento, mas o nosso Salvador e Senhor. Não devemos procurá-lo só para aliviar nossos sofrimentos, mas sim caminhar com ele todos os dias, para que, quando surgirem os problemas, tenhamos forças de enfrentá-los. A melhor das orações não é aquela em que se pedem milagres, mas aquela em que se pede força para enfrentar os obstáculos da vida. Se o que precisamos para acreditar na existência de Deus e no seu poder são milagres, é só abrir os olhos e observar ao nosso redor os milagres já realizados e que Deus continua a realizar em nossa vida. Você é um presente de Deus. Você é um milagre de Deus!

Quando os fariseus e escribas pediram ao Senhor um sinal especial, que o identificasse como Messias, ele respondeu que nenhum sinal lhes seria dado, "senão o do profeta Jonas" (Mt 12,39). Todos nós precisamos das bênçãos de Deus. Com certeza, você já recebeu bênçãos e já foi presenteado com milagres em sua vida e na vida de sua família. Olhe a sua volta, veja quantos milagres acontecem todos os dias, quantas descobertas são feitas na ciência, na tecnologia, na educação. Será que isso tudo não são milagres de Deus? Será que estamos tão cegos pelo imediatismo que não conseguimos enxergar o quanto Deus é bom e misericordioso?

Reflita sobre isso. E, ao invés de ficar insistindo em milagres, agradeça a Deus por todas as maravilhas que ele tem feito por você, pela sua família e por toda a humanidade.

Vencendo as tentações da vida

Jesus foi conduzido ao deserto pelo Espírito para ser posto à prova pelo demônio (Mt 4,1).

A tentação em si não é pecado. O pecado é cair nela. Afinal, todos nós somos tentados, é algo que faz parte de nossa vida. Jesus também foi tentado, mas reagiu às tentações e não caiu nas ciladas do demônio.

Não fique imaginando que só porque você reza ou vai à igreja, não será tentado. Percorrendo a biografia dos nossos santos, como São Francisco de Assis, constataremos que eles também foram tentados. Todos nós somos tentados. A grande pergunta é: como fazer para fugir das tentações e não cair no pecado?

Francisco de Assis encontrou meios de se livrar das tentações. Certa vez, sentindo-se fortemente tentado pela impureza, deitou-se sem roupas sobre a neve. Outra vez, num momento de tentação ainda mais violenta, rolou sobre espinhos para não pecar e vencer suas inclinações carnais. E nós, o que podemos fazer para fugir delas? Jesus jejuou quarenta dias e quarenta noites e foi tentado pelo demônio. É possível encontrar na Bíblia o diálogo do demônio que tentou Jesus mostrando o poder, mostrando a riqueza. Mas Jesus reagiu, buscando forças na Palavra de Deus, e disse: "Para trás, Satanás, pois está escrito: 'Adorarás o Senhor teu Deus e só a ele servirás'. Em seguida o demônio o deixou..." (Mt 4,10-11).

Devemos estar atentos, porque as tentações estão por todos os lados. Precisamos fugir delas! Assim como o demônio tem suas armas, nós também precisamos encontrar as nossas. Muitas vezes, somos fracos, por isso precisamos buscar refúgio no Senhor, pedir sabedoria para fugir das tentativas de sedução.

Outro texto nos admoesta: "Se teu olho direito te leva à queda, arranca-o e joga para longe de ti! De fato, é melhor perderes um de teus membros do que todo o corpo ser lançado ao inferno. Se a tua mão direita te leva à queda, corta-a e joga-a para longe de ti! De fato, é melhor perderes um de teus membros do que todo o corpo ir para o inferno" (Mt 5,29-30). Isso não significa que devamos pegar uma faca e sair cortando mãos, pés, olhos, mas sim que, se alguma coisa quer levar você a pecar, deve se afastar dela.

Se a internet é uma tentação, afaste-se dela; se aquele grupo de amigos é causa de tentações, afaste-se dele, porque, às vezes, percebemos o perigo, somos tentados e não fazemos nada para impedir isso. É claro que vamos continuar caindo no pecado. Então, a tentação em si não é pecado, mas cair nela é. Jesus buscou refúgio na Palavra, e nós também precisamos buscar forças nela, na oração, na Igreja e até mesmo na conversa com alguém mais experiente que possa ajudar-nos a escapar das provocações do demônio.

São Bernardo dizia: "Quantas vezes vencemos as tentações, tantas vezes somos coroados". Portanto, quando as tentações aparecerem, fuja antes que seja tarde demais, porque o demônio está aí e vai continuar a tentar você. O desejo dele é levá-lo para o fundo do poço. Num primeiro momento, tudo pode parecer fascinante, mas, depois, as consequências podem ser irreparáveis, porque é exatamente isso que o demônio quer: destruir a sua vida, a sua família, tirar sua paz.

Que Deus Pai, Todo-Poderoso, possa nos abençoar, nos fortalecer e nos dar sabedoria, para que possamos vencer as tentações da vida.

Quem não se renova, caminha para a morte

*Renovai sem cessar o sentimento
da vossa alma (Ef 4,23).*

Renovar ou mudar é algo que pode fascinar, mas temos que ter consciência de que a mudança sempre causa impactos, dificuldades e até mesmo dor. O Senhor disse: "Eu vou, mas vou enviar meu Espírito, e é ele quem vai renovar a face da terra". Portanto, a mudança, a renovação deve ser algo constante na comunidade. Onde existe a presença do Espírito Santo, acontece a renovação: "Enviarei o meu Espírito e renovareis a face da terra".

Entre os anos 1962 a 1965, aconteceu o Concílio Vaticano II. Nos primeiros anos desse Concílio, tínhamos à frente da Igreja o Papa João XXIII que, em um de seus pronunciamentos, dizia: "Precisamos abrir as janelas da Igreja para que entre o ar da renovação".

Esse Concílio provocou grandes transformações no seio da Igreja e gerou muitos impactos, principalmente para aqueles que eram mais tradicionais e não aceitavam as mudanças e as renovações propostas.

"Vinde, Espírito Santo, enchei os corações dos vossos fiéis, e acendei neles o fogo de vosso amor. Enviai o vosso

Espírito e tudo será criado e renovareis a face da terra."
Uma comunidade que não se renova, não está aberta à ação do Espírito Santo. A pessoa que não se renova, parou no tempo, e isso não é bom. Precisamos todos os dias buscar a renovação: renovação da Igreja, renovação pessoal e dos nossos empreendimentos. A vida, todos os dias, exige mudanças, e não se pode ficar parado no tempo. Você que é médico, professor, empresário... seja qual for a profissão em que trabalhe, precisa se qualificar, buscar novas maneiras de se adequar às mudanças que o mercado exige. "Quem não se renova caminha para a morte."

Quem se lembra do Mobral, um projeto de ensino que existia no Brasil antigamente? Esse projeto tinha como objetivo alfabetizar, atualizar, levar conhecimentos para as pessoas. Hoje temos o "Sobral", ou seja, se não se preparar, se não for competente, você sobra. Portanto, o que quero dizer é que existe a renovação na Igreja, mas também existe a renovação pessoal. Temos que correr atrás...

O que mais me impressiona, quando se fala da questão da renovação, é saber que existem pessoas que vivem eternamente no passado. Outro dia, recebi uma carta de um paroquiano que dizia o seguinte: "Padre, gostei muito que o senhor tenha estado aqui na nossa comunidade. Já que o senhor está chegando, vamos aproveitar e modificar a nossa igreja. Eu participei dos movimentos de 1940. Vamos revitalizar estes grupos que eram muito fortes no meu tempo. Hoje seria a solução para a nossa comunidade...". Não discordo de que os grupos daquele período deram respostas positivas aos desafios da época, mas não podemos ficar atrelados ao passado. Hoje a realidade é bem diferente, temos novos desafios a serem enfrentados e a Igreja nos convida a descobrir novas metodologias e a ter um novo olhar sobre essa realidade.

Dentro dessa mesma realidade de mudanças, gostaria de lembrar um fato verídico: outro dia, uma senhora veio à paróquia em busca de um padre e falei que eu era o padre. Ela, então, me olhou dos pés à cabeça e disse: "Ah! No meu tempo padre não era assim como o senhor". E era como? Existem pessoas que vivem eternamente no passado, fazendo comparações completamente errôneas e tornando-se até certo ponto preconceituosas.

Quantas vezes você já ouviu de alguém aquele velho discurso "mas no meu tempo era assim...". Mas como era o seu tempo? O que aconteceu no seu tempo? Ainda bem que essas coisas aconteceram no seu tempo. Hoje estamos diante de uma nova realidade e que exige novas atitudes. Quem vive de passado é museu, diz um ditado popular.

São Francisco, na hora da sua morte, disse a seus companheiros: "Irmãos, recomecemos, pois, até agora pouco ou nada fizemos". Portanto, meu irmão, enquanto estiver faltando cinco minutos para você morrer, ainda dá tempo de você mudar. Quem sabe dá tempo até de pedir perdão para alguém que você não gostava ou de dizer para o amor de sua vida que você o ama. Todo dia é dia de mudança! Por isso, "enviai o vosso Espírito e tudo será criado e renovareis a face da terra".

Buscando a unidade na comunidade

Foi-me dada toda a autoridade no céu e na terra.
Ide, pois, fazer discípulos entre todas as nações,
e batizai-os em nome do Pai, do Filho e do Espírito Santo.
Ensinai-lhes a observar tudo o que vos tenho ordenado.
Eis que estou convosco todos os dias,
até o fim dos tempos (Mt 28,18-20).

"Ide pelo mundo inteiro e anunciai o Evangelho." Essa é a missão de todo batizado e, de uma maneira especial, daqueles que assumem a sua fé, a sua Igreja e a sua religião. Assumir esse mandato de Jesus é condição precípua para nos declararmos cristãos católicos, comprometidos com a messe do Senhor. Além disso, devemos lembrar aqui uma das últimas promessas de Jesus: a de que estaria conosco até o fim dos tempos, se cumpríssemos o seu mandato.

Se quisermos as bênçãos, a proteção de Deus e que ele caminhe conosco, nós teremos que fazer aquilo que ele mandar. Em nossas comunidades há muitas atividades. A reunião dos grupos e/ou dos seus representantes constitui sempre um momento precioso, bonito, para o Senhor e toda a sua igreja. Unir, reunir, partilhar são momentos fortes de expressão da comunhão. Sabemos que ninguém pode professar a sua fé isoladamente, por isso, a unidade nas paróquias deve ser uma das nossas maiores preocupações.

No exercício do meu ministério como sacerdote, em tantos lugares por onde passei, tive em alguns momentos a sensação de que cada fiel, no exercício da vida comunitária, caminhava por si só, de forma individual. Um só rebanho e um só pastor, era esse o desejo de Jesus, e isso nos leva ao compromisso de que todos pertencemos ao mesmo rebanho. Não somos várias igrejinhas, nós somos a Igreja Católica Apostólica Romana, presente em todo o Brasil e no mundo inteiro, que carrega na sua essência a força da unidade.

Toda liderança religiosa deve se comprometer a manter a sã doutrina e a unidade. As divisões não vêm de Deus nem de seu espírito, porque o espírito une e não separa. Podemos conferir isso no dia de Pentecostes (cf. At 1,13).

Podemos concluir esta reflexão sobre a unidade, lembrando o que diz São Paulo à comunidade de Éfeso: "Sede um só corpo e um só espírito, assim como fostes chamados pela vossa vocação a uma só esperança. Há um só Senhor, uma só fé, um só batismo. Há um só Deus e pai de todos, que atua acima de todos, por todos e em todos" (Ef 4,4-6).

Abra as portas de sua casa e receba as bênçãos do Senhor

*Depois que Jesus foi batizado, saiu logo da água.
Eis que os céus se abriram e viu descer sobre ele,
em forma de pomba, o Espírito de Deus (Mt 3,16).*

"Os céus se abriram." Lembre-se de que com essa expressão o evangelista Mateus quer recordar o momento difícil pelo qual o povo de Israel estava passando. Eles tinham a sensação de que Deus os havia abandonado. Há mais de trezentos anos não surgia nenhum profeta nem homens de Deus que trouxessem alguma mensagem enviada pelo Senhor. Por isso, ao usar a expressão "os céus se abriram", o evangelista quer dizer que a partir do batismo de Jesus as portas dos céus se abriram para o povo de Israel.

Desde que a humanidade pecou, sua comunhão com Deus foi rompida. Mas Jesus, ao ser batizado, mostrou em cada ato a restauração dessa comunhão entre o divino e o humano, como se o céu se abrisse novamente. Por isso, vamos pedir ao Senhor que os céus se abram sobre nós, sobre a nossa família e sobre o nosso trabalho. Precisamos sentir essas bênçãos fluindo em nossos lares. Que as portas de nossa casa estejam sempre abertas para o diálogo, para a comunhão, para a alegria que vem de Deus, e fechadas para o mal, para o inimigo que tenta destruir-nos e acabar com a nossa paz.

A televisão é algo maravilhoso, pois nos mantém informados. Quando a compramos, ela vem acompanhada de um controle remoto. Esse controle serve para escolhermos o que pode e o que não pode ser assistido em nossa casa, afinal, através da mídia há uma infinidade de coisas maravilhosas que podem ser inseridas no nosso lar, na nossa família. Mas, muitas vezes, há também uma verdadeira enxurrada de lixo, e precisamos ficar atentos para ter a capacidade de abrir as portas da liberdade, mas também ter a capacidade de fechá-las e nos proteger de determinados programas que só levam à degradação da família. Faz-se necessário que os pais controlem o que seus filhos assistem na televisão e acessam no computador, para que depois não seja tarde demais.

A preocupação de José, pai de Jesus, era proteger sua família da perseguição de Herodes, por isso, ele resolveu fugir para o Egito. Mas ele não fugiu por covardia, e sim porque precisava fazer alguma coisa para afastar seu filho Jesus e sua esposa Maria do mal que se aproximava. Então, você que é pai, que é mãe, faça o possível e até mesmo o impossível para proteger sua família. E que as portas do céu se abram sobre você, sua família e sobre tudo que vier a realizar.

Que nossa vida seja uma luz

*Assim, brilhe vossa luz diante dos homens,
para que vejam as vossas boas obras
e glorifiquem vosso Pai que está nos céus
(Mt 5,16).*

"Eu sou a luz do mundo. Quem me segue, nunca andará em trevas, mas terá a luz da vida" (Jo 8,12). Devemos viver de tal maneira que nossa vida seja luz, onde quer que estejamos. Que possamos ter uma vida digna a ponto de servir de exemplo para que outras pessoas sigam a mesma luz que irradia de nosso coração.

Não podemos ser hipócritas em querer praticar o bem só para que os outros vejam, mas, sim, devemos seguir a Palavra de Deus, para que as pessoas que olharem para nós sintam a sua presença. "A tua palavra é lâmpada que ilumina os meus passos e luz que clareia o meu caminho" (Sl 119,105).

Agradar a Deus é andar segundo seus ensinamentos. Se não pratico e não vivo os seus mandamentos, como posso agradá-lo? Se não vou à igreja nem reservo um tempo para a oração, como posso querer ele perto de mim? É preciso abrir o coração à gratidão diária pela vida, a família, o trabalho, a saúde e os bens que adquirimos. Precisamos entender que toda sabedoria que temos e tudo que fazemos só pode ser colocado em prática por causa do amor de Deus por nós. E só quando o reconhecermos como o nosso Salvador e Senhor, obedecendo a seus mandamentos e trilhando seus caminhos, é que vamos poder agradá-lo.

Que Deus Pai, Todo-Poderoso, possa nos ajudar a ter um comportamento digno, e que a nossa vida seja a luz que ilumina os passos de outras pessoas. Que nossas palavras sejam de esperança e ânimo para que as pessoas gostem de ouvi-las e, ao nos observarem, sintam que temos uma vida digna, que Deus sempre caminha conosco. Que as nossas palavras não sirvam apenas para convencer, mas que, através delas, possamos ser exemplo de vida e de bênçãos. Que não vivamos somente para dar exemplo, até porque, isso é algo natural, e não uma coisa planejada. E é assim que vamos poder dar testemunho do amor de Deus a todos aqueles que estão ao nosso redor.

Sejamos corajosos e prudentes

*Ele disse-lhes: "Como sois medrosos!
Ainda não tendes fé?" Eles ficaram penetrados
de grande temor e cochichavam entre si:
"Quem é este a quem até o vento
e o mar obedecem?" (Mc 4,40-41).*

Percorrendo as Sagradas Escrituras no Antigo e Novo Testamento, vamos encontrar diversas vezes a expressão: "Não tenhais medo". O próprio Jesus a usa para dar ânimo a seus discípulos em algumas circunstâncias. O medo faz parte da vida do ser humano. Todos nós temos medos.

O Senhor, conhecendo nossos medos, chega a cada um de nós e diz: "não tema, estou com você; não tenha medo, pois sou o seu Deus. Eu o fortalecerei e o ajudarei; eu o segurarei com a minha mão direita vitoriosa" (Is 41,10). E ele ainda nos diz: "Até os cabelos da vossa cabeça estão todos contados. Não temais, pois. Mais valor tendes vós do que numerosos pardais" (Lc 12,7). Portanto, o medo precisa ser enfrentado, pois temos certeza de que o Senhor está ao nosso lado. Quando nos deixamos dominar pelo medo, demonstramos que não confiamos em Deus.

É importante que não confundamos medo com prudência. A prudência faz com que a pessoa se comporte de maneira a evitar perigos ou consequências ruins. Uma pessoa prudente é precavida, age com paciência e calma, enquanto uma pessoa com medo tem outra reação. O medo é um estado emocional que surge em resposta à consciência perante uma situação de eventual perigo. A ideia de que algo ou alguma coisa possa ameaçar a segurança ou vida de alguém, faz com que o cérebro ative, involuntariamente, uma série de compostos químicos que provocam reações que caracterizam o medo.

Se sabemos em quem depositamos a nossa confiança, não precisamos temer mal algum, porque o Senhor está conosco. Confiar em Deus é a atitude mais acertada que um ser humano pode ter. A confiança nos dá segurança, alegria e força para enfrentar qualquer desafio que esteja à nossa frente.

Alguns anos atrás, fiz uma visita a uma senhora que se encontrava muito triste, e que tinha desenvolvido uma doença conhecida como "Síndrome do pânico". Essa doença faz com que a pessoa tenha medo intenso de que algo ruim aconteça, mesmo que não haja motivo algum para isso ou sinais de perigo iminente. Quem sofre do "transtorno de pânico" tem crises de medo agudo de modo recorrente e inesperado.

Se você já teve algum sintoma parecido com esses que acabei de relatar, não sinta medo ou vergonha, busque ajuda médica, mas tenha fé em Deus e se entregue verdadeiramente a ele, pois nada é impossível para aqueles que acreditam.

Que Deus Pai, Todo-Poderoso, possa nos dar sabedoria para que possamos superar nossos medos, e, acima de tudo, para que sejamos prudentes.

Outro dia mandei instalar câmeras de segurança no convento, e algumas pessoas me questionaram se eu estava com medo, e então lhes respondi: "Medo não! Mas estou sendo prudente, pois a prudência pode evitar tragédias".

Na crise, ore e louve a Deus! "Não andem ansiosos por coisa alguma, mas, em tudo, pela oração e súplicas, e com ação de graças, apresentem seus pedidos a Deus. E a paz de Deus, que excede todo o entendimento, guardará o coração e a mente de vocês em Cristo Jesus" (Fl 4,6-7).

Sejamos, então, corajosos e prudentes! "E que o Senhor esteja à tua frente, para te mostrar o caminho certo; que o Senhor esteja ao teu lado, para te abraçar e te proteger; que o Senhor esteja atrás de ti, para evitar que homens maus te armem ciladas; que o Senhor esteja junto de ti, para te amparar quando caíres; que o Senhor esteja dentro de ti, para te consolar, quando estiveres triste; que o Senhor esteja acima de ti, para abençoar-te."

Não tema! Levante-se e não desista!

Mas o que perseverar até o fim será salvo (Mc 13,13).

Na vida não é difícil ser valente, quando tudo está às mil maravilhas. O grande segredo é ser valente, batalhar, não perder a esperança e ser persistente nos momentos de dificuldades. Nesses momentos se faz necessário que tenhamos coragem e disposição para seguir em frente. É nos momentos de dificuldades que precisamos demonstrar nossa valentia, mas não no sentido de algo braçal ou violento, e sim uma valentia que venha de Deus. Valentia essa acompanhada de uma sabedoria que nos protege e nos leva à vitória. Não podemos esquecer que a vida é uma luta constante; é um cair e um levantar-se. Precisamos, nesses momentos, recordar aquilo que diz o Senhor: "o Senhor está comigo, como um forte guerreiro!" (cf. Jr 20,11). Por isso não temamos!

A pergunta que faço é a seguinte: como anda a sua relação familiar, seu casamento, seus empreendimentos? Tudo vai bem? Ou as coisas estão afundando e você não sabe mais o que fazer? Sabemos que, quando tudo parece desandar, geralmente, nessas horas, perdemos o sono e a nossa saúde fica fragilizada. Gostaria de compartilhar o texto de Juízes 6, no qual encontramos a narração sobre o medo que o povo de Israel enfrentou por conta da perseguição dos madianitas: "Os israelitas fizeram o mal aos olhos do Senhor, e o Senhor entregou-os nas mãos dos madianitas". Tudo que Israel plantava seus inimigos vinham e destruíam e, por medo, esse povo refugiava-se nas cavernas das montanhas.

Gedeão é um dos membros do povo de Israel que se refugiou nas montanhas. Diz o texto: "Gedeão estava limpando o trigo no lagar, para escondê-lo dos madianitas". Observamos aqui uma comunidade passando por grandes perigos, mas o Senhor não a abandonou. Vejamos, com atenção, a narração da ação de Deus como um guerreiro em defesa de seu povo: "O anjo do Senhor apareceu-lhe e disse-lhe: 'O Senhor está contigo, valente guerreiro!' Gedeão respondeu: 'Ah, meu senhor, se o Senhor está conosco, por que nos vieram todos esses males? Onde estão aqueles prodígios que nos contaram nossos pais, dizendo: o Senhor fez-nos verdadeiramente sair do Egito? Agora o Senhor abandonou-nos e entregou-nos nas mãos dos madianitas'. Então o Senhor, voltando-se para ele: 'Vai', disse, 'com essa força que tens, e livra Israel dos madianitas. Porventura não sou eu que te envio?' 'Ó Senhor', respondeu Gedeão, 'com que livrarei eu Israel? Minha família é a última de Manassés, e eu sou o menor na casa de meu pai'. O Senhor replicou: 'Eu estarei contigo e tu derrotarás os madianitas como se fossem um só homem'" (Jz 6,12-16).

Há pessoas que, diante dos problemas e dos obstáculos, desanimam e entregam os pontos, mas existem aquelas que, mesmo diante de inúmeros problemas, mantêm-se de cabeça erguida e continuam lutando.

Não tema! Levante-se e não desista! Dê testemunho para todas as pessoas de que o Senhor está contigo. "E confie no Senhor de todo o seu coração; reconheça-o em todos os seus caminhos e ele endireitará as suas veredas". Que Deus Pai possa fortalecê-lo e dar-lhe ânimo, principalmente nos momentos difíceis da vida. Seja forte e, se for preciso, comece tudo de novo, porque Deus está contigo. "E aquele que perseverar até o fim será salvo" (Mc 13,13).

Sabedoria e prudência

*Referi-vos essas coisas para que tenhais a paz em mim.
No mundo haveis de ter aflições. Coragem!
Eu venci o mundo (Jo 16,33).*

Nos caminhos da vida e nas nossas relações, nos deparamos com inúmeros desafios. A grande pergunta é: como vamos enfrentá-los? Alguns se questionam pelo fato de que buscam a Deus e mesmo assim lhes aparecem inúmeras tribulações. Não é porque você busca a Deus ou procura a Igreja que não lhe irão aparecer problemas, pois isso é algo inerente à vida do ser humano.

Existe uma grande diferença entre aqueles que têm fé em Deus e aqueles que confiam somente em si mesmos na hora de enfrentar os problemas e as dificuldades. As pessoas que confiam em si mesmas estão condenadas ao fracasso. "Ora, a aspiração da carne é a morte, enquanto a aspiração do espírito é a vida e a paz. De fato, se viveres segundo a carne morrerá, mas se viveres pelo espírito viverá" (Rm 8,6-7).

Diante dos desafios da vida, não fique choramingando, calculando, achando que é um perdedor. Há pessoas que, mesmo antes de começar a enfrentar as dificuldades, já se sentem perdedoras e começam a dizer que nada dá certo. Como é possível saber que algo não vai dar certo, sem antes lutar? Ou seja, pessoas assim se entregam, porque não confiam no Altíssimo nem nas próprias forças.

Não encare as coisas com arrogância, achando que resolverá tudo de imediato. Calma! Sabedoria e prudência são necessárias. Espere o tempo de Deus, tenha momentos de oração e deixe que Deus, lentamente, vá lhe mostrando qual o caminho a seguir.

Sejamos valentes e virtuosos, porém, é fundamental que a valentia não se converta em arrogância e a virtude não se transforme em pura ostentação. É essencial saber agir com justo equilíbrio ao percorrer as trilhas da vida, atentando para o cuidado no falar e no agir. A prudência requer, em alguns momentos e circunstâncias, que fiquemos calados e que diminuamos os passos. A prudência exige coragem e cautela, mas não deve ser confundida com timidez, medo e covardia.

Abdique da pressa e vá devagar, aguarde sabiamente um novo dia. O amanhã sempre poderá trazer um notável clarão. Não reaja por impulso. Tudo isso tem a ver com prudência.

Que Deus Pai, Todo-Poderoso, possa nos dar coragem, nos tirar o medo. Que em nossas ações não nos falte prudência.

Renovar é preciso!

Havia um homem entre os fariseus, chamado Nicodemos, príncipe dos judeus. Este foi ter com Jesus, de noite, e disse-lhe: "Rabi, sabemos que és um mestre vindo de Deus. Ninguém pode fazer estes milagres que fazes, se Deus não estiver com ele" (Jo 3,1-2).

Todo ser humano tem o desejo de mudar, de renascer e de começar tudo de novo, mas nem sempre tem forças para realizar as mudanças que se fazem necessárias. Existe uma grande distância entre o querer e o realizar. Podemos exemplificar a diferença entre o querer e o realizar com alguém que tem vícios e que está afundado no mundo das drogas. O desejo da mudança deve ser o primeiro passo; o segundo é lutar para colocar em prática o seu desejo. Muitas vezes nos sentimos limitados, sem forças, e mesmo existindo o desejo de mudança, não conseguimos concretizá-lo, mas não podemos nos conformar, temos que acreditar na mudança, "não vos conformeis com este mundo, mas transformai-vos pela renovação do vosso espírito, para que possais discernir qual é a vontade de Deus, o que é bom, o que lhe agrada e o que é perfeito" (Rm 12,2).

Nicodemos teve um encontro com o Senhor e se surpreendeu quando o Senhor lhe disse que ele precisava nascer de novo, ou seja, mudar. Nicodemos era um homem de idade, um homem profissionalmente realizado, e para ele foi espantoso saber que precisava nascer de novo. "Em verdade, em verdade vos digo que, se alguém não nascer da água e do Espírito, não pode entrar no Reino de Deus" (Jo 3,5). Esse é o convite que o Senhor nos faz todos os dias: nascer de novo e mudar de vida.

Devemos confiar e acreditar na mudança para que "todo aquele que nele crê não pereça, mas tenha a vida eterna" (Jo 3,15). É a fé no Senhor que faz com que tenhamos força para renascer. Fazendo um exame de consciência, vamos descobrir que sempre há algo que precisa ser mudado, pode ser em relação a sua família, a seu trabalho, ou a seus amigos. Para ter uma vida nova, só mesmo buscando forças no Senhor. Quando você se sentir incapaz, sem forças para lutar, busque o Senhor, clame por ele, porque somente ele tem poder para mudar e renovar a sua vida.

O que adianta ganhar o mundo inteiro, se vier a perder a sua alma?

Chegando ao território de Cesareia de Filipe,
Jesus perguntou a seus discípulos:
"No dizer do povo, quem é o Filho do Homem?"(Mt 16,13).

A partir do batismo de Jesus, no rio Jordão, e de seus primeiros passos – chamando os discípulos, fazendo pregações e milagres –, vão surgindo várias interrogações como: "Quem é este homem que fala com autoridade?". O próprio Jesus percebe que o povo comenta a seu respeito e, em determinado momento, se dirige a seus discípulos e pergunta: "No dizer do povo, quem é o Filho do Homem?" Responderam: "Uns dizem que é João Batista; outros, Elias; outros, Jeremias ou um dos profetas". Disse-lhes Jesus: "E vós, quem dizeis que eu sou?". Simão Pedro respondeu: 'Tu és o Cristo, o Filho de Deus vivo!" (Mt 16,13-16).

Ao longo dos séculos, a Igreja continua fazendo essa mesma afirmação de Pedro: Jesus Cristo é o Filho de Deus, é o próprio Deus. São Paulo completa esta definição dizendo: "Jesus Cristo é o meu Senhor e meu Salvador".

Entristece-me ver que algumas pessoas só falam de Jesus quando buscam milagres. Há situações ainda mais tristes, como a de grupos religiosos que esqueceram que Jesus é nosso Salvador e que ele morreu na cruz para nos salvar. Então, apegam-se somente aos textos bíblicos do Antigo Testamento para manipular milagres ou para buscar Jesus por aquilo que ele tem a oferecer com relação a bens materiais. Estão, com isso, esquecendo o essencial: a salvação. Jesus é o meu Salvador! A Palavra de Deus diz: "do que adianta tu ganhar o mundo inteiro se vier a perder a tua alma?" (Mc 8,36).

O que podemos observar é que alguns pregadores estão diluindo a verdadeira mensagem de Jesus. Que valor tem uma pregação que enfatiza o acúmulo de bens materiais como uma bênção, diante da afirmação: "As raposas têm suas tocas, e as aves do céu seus ninhos; mas o Filho do Homem não tem onde reclinar a cabeça" (Mt 8,20)?

Outro dia, assistindo a um programa de televisão, me chamou a atenção quando um pregador fez um questionamento sobre a teologia da prosperidade. Ele se perguntava e levantava dúvidas sobre os defensores dessa teologia. Como vamos nos apresentar diante do Senhor, dizendo que o acúmulo de bens materiais é sinal de bênçãos? O que dizer, então, do próprio Mestre que não tinha onde reclinar a cabeça? E de Paulo que tecia redes para o seu sustento? A pregação da teologia da prosperidade leva o fiel a acreditar que só será abençoado aquele que tiver bens materiais. E o que pensar sobre os pobres, quando inúmeras passagens das Sagradas Escrituras dizem que eles são os preferidos de Deus?

A Igreja Católica, de maneira especial a Conferência Nacional dos Bispos do Brasil, reafirma a sua opção preferencial pelos pobres. Isso não significa que a Igreja esteja pregando que todos devem ser pobres, afinal, devemos ter uma vida digna. O que não podemos é transformar a religião em matéria. A nossa fé está em confessar Jesus como nosso Senhor e Salvador. Temos que buscar a salvação, sem, no entanto, nos esquecermos do irmão que vive à margem da sociedade. "Se alguém disser: 'Amo a Deus', mas odeia o seu irmão, é mentiroso. Porque aquele que não ama o seu irmão, a quem vê, é incapaz de amar a Deus a quem não vê. Temos de Deus este mandamento: o que amar a Deus ame também o seu irmão" (1Jo 4,20-21).

Aquilo que Deus faz bem é amar cada um de nós

Dito isso, cuspiu no chão, fez um pouco de lodo com a saliva e com o lodo ungiu os olhos do cego. Depois lhe disse: "Vai, lava-te na piscina de Siloé". O cego foi, lavou-se e voltou vendo (Jo 9,6-7).

O Papa Francisco fez a seguinte afirmação: "Aquilo que Deus faz bem é amar cada um de nós". Para completar, ele usou outra expressão: "Quando o homem peca, Deus fica com saudade e espera que ele volte". Imagine, Deus sente saudade do homem que peca e espera a sua volta. Deus não o espera para castigá-lo. Ele está sempre de braços abertos para nos acolher, e essa é a expressão do seu amor e da sua misericórdia. A melhor representação do amor e da misericórdia de Deus encontra-se na história do filho pródigo, na qual o pai misericordioso todos os dias observa a estrada para ver se seu filho está retornando. Essa é uma representação muito bonita que demonstra o amor e a misericórdia de Deus para com cada um de nós.

A cura do cego de nascença é uma longa narração de um dos milagres de Jesus. Essa narração surge a partir de uma pergunta de uns dos discípulos: "Mestre, quem pecou, esse homem ou seus pais, para que nascesse cego?". Jesus, então respondeu: "nem este pecou, e nem seus pais". A pergunta surgiu entre os discípulos porque existia uma crença de que o pecado poderia vir em forma de castigo e que este era destinado às pessoas que pecaram e também a seus filhos. O povo de Israel tinha essa ideia de um Deus castigador. No entanto, houve uma mudança em relação a isso a partir do discurso de Jesus, que apresenta Deus como amor e afirma que ele ama a todos.

Independentemente do que você tenha feito ou não, Deus ama você! Deus não concorda com seu pecado, mas ele não quer castigá-lo. Precisamos eliminar a ideia de um Deus que castiga, pois ele quer que você volte e se sinta amado por ele. É muito comum ouvir mães, com boas intenções, dizendo: "Olha, se você se comportar desse jeito, Deus vai castigar você!". É preciso parar com isso. Outra coisa bem comum está no fato de que, quando acontece uma tragédia, ou se está passando por uma situação complicada, há sempre alguém que logo aponta o dedo e diz: "É castigo de Deus!".

Pare um pouco e dê uma olhada na sua vida! Talvez você tenha se distanciado ou sinta medo de Deus. Conheço pessoas que se afastaram da Igreja porque cometeram pecados e ficaram envergonhadas de voltar à presença de Deus. Há algumas que até falam que não se sentem bem de irem à igreja, depois de terem cometido algum erro. Dizem que parece que Jesus está olhando para elas. Isso é ótimo! Porém, precisamos lembrar que esse olhar de Deus é um olhar misericordioso, um olhar de alegria por vê-las novamente na sua casa.

Você que se afastou da Igreja, volte, e sinta o amor do Pai! Só assim irá poder recomeçar a sua vida de cabeça erguida. Não existe nada melhor do que voltar para a Casa do Pai. Lembre-se da história do filho pródigo: "... o pai que todos os dias esperava a volta do filho...". Assim também Deus o espera de volta ao seio da Igreja. Abrace-o! E sinta-se amado por ele. Deus é misericordioso e infinito é o seu amor por nós!

Não sejamos mal-agradecidos

Um deles, vendo-se curado, voltou,
glorificando a Deus em alta voz.
Prostrou-se aos pés de Jesus
e lhe agradeceu (Lc 17,15-16).

Muitas pessoas se tornam especialistas em lamentar pelas coisas ruins que lhes aconteceram ou por coisas que gostariam que tivessem acontecido, mas que, por algum motivo, alheio a sua vontade, não foi permitido por Deus. Talvez por não ser o momento oportuno. Em Romanos 12,2 está escrito: "E não sede conformados com este mundo, mas sede transformados pela renovação do vosso entendimento, para que experimenteis qual seja a boa, agradável e perfeita vontade de Deus".

Devemos ser gratos a Deus por tudo que ele nos dá e fazer escolhas que estejam em conformidade com a sua vontade. Não pense que o Pai tem sempre que fazer tudo o que desejamos. A chave está em desejar a vontade de Deus, não a sua própria vontade.

Seja humilde e agradecido a Deus por tudo: a saúde, o trabalho, a família, e, ainda, pelo que ele realiza diariamente em sua vida. Não seja ingrato! E volte sempre para agradecer. Conhecemos a história da cura dos dez leprosos e como Jesus reagiu ao perceber que somente um samaritano voltou para agradecer: "Não foram dez os curados? E os outros nove, onde estão? Não houve quem voltasse para dar glória a Deus, a não ser este estrangeiro?" (Lc 17,17-18).

Não sejamos ingratos, mas agradecidos por todas as coisas que o Senhor nos tem concedido. Nos momentos felizes, louve a Deus. Nos momentos difíceis, busque a Deus. Nos momentos silenciosos, adore a Deus. E a todo o momento agradeça a Deus.

Que Deus Pai, Todo-Poderoso, possa abençoá-lo e dar-lhe espírito de sabedoria e de gratidão.

Amar e sofrer

Pois também Cristo morreu uma vez pelos nossos pecados (1Pd 3,17-18).

"É melhor padecer, se Deus assim o quiser, por fazer o bem do que fazer o mal. Pois também Cristo morreu uma vez pelos nossos pecados – o justo pelos injustos – para nos conduzir a Deus." Cristo sofreu e morreu na cruz por amor a cada um de nós, e, ainda, continua sofrendo e nos amando. A maior prova de um amor verdadeiro é quando esse amor passa pelo sofrimento. Então, podemos dizer que o sofrimento é a demonstração concreta do amor e que o sofrimento por amor nos purifica, nos torna mais generosos. Não fique lamentando pelo sofrimento que chega através do amor.

Se você não quer sofrer, não ame, pois, quem ama, sofre. Escolha o caminho que irá seguir: se vai sofrer por amor ou se prefere não sofrer e, por conseguinte, não amar ninguém nem nenhum ideal.

Existem três realidades em uma só que caminham juntas: sofrer, amar e viver. Entre elas, há uma conexão que as tornam inseparáveis: o sofrimento. Não podemos concentrar-nos no sofrimento, pelo contrário, é preciso dedicar-nos àquilo ou a quem amamos, e só então o sofrimento terá outro sentido e recobraremos as forças. Concentremo-nos naquilo que amamos ou acreditamos. Já sabemos que quem ama tem que enfrentar os sofrimentos, mas o mais importante é amar; amar é viver, e não se vive sem o sofrimento.

Todos os dias dê glórias a Deus, se você tem alguém para amar, uma família, um trabalho, um ideal ou alguma coisa pela qual está se sacrificando, porque é nisso que vai encontrar o sentido da vida.

Eu sou o que sou pela graça de Deus

> *Mas, pela graça de Deus, sou o que sou,*
> *e a graça que ele me deu não tem sido inútil.*
> *Ao contrário, tenho trabalhado mais do que todos eles;*
> *não eu, mas a graça de Deus que está comigo.*
> *Portanto, seja eu ou sejam eles, assim pregamos,*
> *e assim crestes (1Cor 15,10-11).*

Uma das maiores perguntas existenciais de todos os tempos é: "Quem somos, de onde viemos e para onde vamos?". Com a vida agitada que levamos no mundo atual, devemos parar e nos perguntar: "Afinal de contas, quem realmente somos?". Você tem resposta para esta pergunta? E se alguém se aproximasse de você e lhe perguntasse quem é você? Qual seria a sua resposta para este questionamento?

Há algumas maneiras de nos definirmos: existe aquilo que realmente somos e aquilo que as pessoas pensam que somos; há também aquilo que tentamos demonstrar ser e que na verdade não somos. É preciso simplificar as coisas e dizer que existe somente um eu dentro de nós, um alguém sem máscaras e sem fingimentos. A Palavra de Deus diz: "pela graça, sou o que sou" (cf. 1Cor 15,10), ou seja, não sou aquilo que as pessoas estão pensando que eu sou, e não sou aquilo que posso estar demonstrando ser, mas sou o que sou pela graça de Deus.

Como você está escrevendo sua história? Como você está passando por este mundo? O que você irá deixar nele? Nesse caminhar do dia a dia, vamos deixando marcas que ficarão registradas a partir das nossas atitudes, porque tudo fala no nosso corpo: os gestos, o nosso sorriso, o nosso olhar. Um olhar e um sorriso podem ser decisivos na vida de uma pessoa. No jogo da conquista não devem ser usados, como arma principal, joias caríssimas, belas roupas, perfumes, mas sim aquilo que você é.

A maneira mais simpática de conquistar uma pessoa é sendo espontâneo, ou seja, sendo você mesmo. Agindo de forma mecanizada, você pode passar uma impressão estereotipada de algo que você, de fato, não é. Pode até conquistar num primeiro momento, mas depois tudo cairá por terra.

Sou o que sou pela graça de Deus. Agradeço a Deus por todas as qualidades e defeitos que tenho. E são com eles que vou procurar ser transparente e, assim, construir as minhas amizades, a minha família e meu ideal.

Faça-se em mim segundo a sua palavra

> *Abba, Pai, todas as coisas são possíveis para ti,*
> *afasta de mim este cálice; todavia,*
> *não seja o que eu desejo,*
> *mas sim o que tu queres (Mc 14,36).*

Inesperadamente nos vemos diante de algo avassalador, algo que nos apanha de surpresa e nos faz sentir impotentes. É como se, de repente, nos tirassem o chão e tudo virasse um horrendo pesadelo. A sensação que temos é de que uma avalanche passou na nossa vida e destruiu tudo, deixando apenas dor e sofrimento. Diante de tamanha dor e angústia, clamamos a Deus por alívio e pedimos a ele que afaste de nós o cálice da dor e do sofrimento.

Quando os problemas chegam à nossa vida, muitas vezes somos incapazes de enfrentá-los sozinhos. Nessa hora, devemos tomar consciência do quanto somos vulneráveis e impotentes. Nesse momento, entendemos que o único modo de sobreviver é nos prostrar diante da misericórdia de Deus. Ou seja, dobrar os joelhos diante da infinita misericórdia de Deus e clamar que ele venha em nosso socorro.

"Nós nos gloriamos até das tribulações", pois sabemos que a tribulação produz a paciência, a paciência prova a fidelidade e a fidelidade, comprovada, produz a esperança. E a esperança não engana. "Porque o amor de Deus foi derramado no nosso coração pelo Espírito Santo que nos foi dado" (Rm 5,3-5).

Aceite os desígnios de Deus em sua vida e, seja o que for que aconteça, a melhor de todas as orações é se colocar diante de Deus e dizer: "faça-se em mim segundo a sua palavra".

Sejamos corajosos e fortes

*Assim, nem o que planta é alguma coisa
nem o que rega, mas só Deus, que faz crescer.
O que planta ou o que rega são iguais;
cada um receberá a sua recompensa,
segundo o seu trabalho (1Cor 3,7-8).*

A dor tem seu lado amargo, mas também seu lado doce. Cabe a nós escolhermos qual dos lados vamos preferir colher. É duro trabalhar de sol a sol, por muitos dias consecutivos, no plantio da semente, cuidando para que nenhuma praga a destrua, mas muito nos alegra, mesmo com as mãos calejadas, ao final da plantação, colhermos bons frutos. É cansativo passar horas e horas estudando, mas é uma bênção receber o diploma no dia da formatura. Qualquer esforço exige muito de nós, pois tudo nesta vida tem um preço, mas é válido quando a recompensa é a vitória.

Alguns buscam a vitória e querem obter o sucesso, mas sem passar pelo trabalho, pela dureza da dedicação. Há pessoas que invejam o sucesso obtido por alguém, sentindo-se fracassadas. Mas, se procurarem conhecer todos os sacrifícios que o outro enfrentou para conseguir êxito em seus projetos, vão perceber que nada se compara ao pouco esforço que elas empreenderam.

A grande diferença entre o sucesso e o fracasso é que o sucesso é conquistado com a dedicação, já o fracasso se dá em ficar esperando as coisas acontecerem. É muito bonito, por exemplo, ver um jogador de futebol ser aplaudido e homenageado, mas, para ele chegar ao topo, precisou de muita dedicação, não ficou debaixo de lençóis dormindo enquanto outros iam para o treinamento. Como é bonito ver a leveza de uma bailarina. Você já teve a oportunidade de assistir a um balé? Hoje ela pode estar recebendo aplausos, mas, para chegar ao palco, seus pés até sangraram.

Em sua vida, nunca fuja dos desafios nem tampouco da exaustão do trabalho e das dificuldades que precisa enfrentar para conseguir o que deseja. "Estejam vigilantes, mantenham-se firmes na fé, sejam homens de coragem, sejam fortes" (1Cor 16,13). E a vitória seguramente estará garantida.

Necessidade da perseverança

*Pois vos é necessária a perseverança
para fazerdes a vontade de Deus
e alcançardes os bens prometidos (Hb 10,36).*

A "luta é o tempero do vigor, vigor do espírito". Quando aprendemos a perseverar, nos sentimos valentes até mesmo nas tribulações, pois é nesses momentos que conseguimos ser mais fortes e nos sentimos com mais vontade de lutar até conseguir a vitória tão almejada.

É necessário ter perseverança em tudo aquilo que nos dispomos a fazer, pois o homem sem perseverança não chega ao sucesso nem consegue a vitória. Existem pessoas que começam algo e, na primeira dificuldade, já desistem; agindo dessa forma, elas não perseveram, pois dificuldades sempre vão existir em qualquer projeto que se proponham a realizar. Perseverar significa persistir, continuar tentando até conseguir.

"Mas nos gloriamos até das tribulações. Pois sabemos que a tribulação produz a perseverança, a perseverança prova a fidelidade, e a fidelidade, comprovada, produz esperança" (Rm 5,3-4). Que tenhamos perseverança nos momentos de dificuldades. Porque ela é sempre necessária no nosso dia a dia. "Pois vocês sabem que a prova da sua fé produz perseverança. E a perseverança deve ter ação completa, a fim de que vocês sejam maduros e íntegros, sem que falte a vocês coisa alguma" (Tg 1,2-4).

Quando as coisas não estiverem dando certo na sua vida, quando se encontrar sem perspectiva, lute com perseverança! Busque o Senhor e clame por sua ajuda e ele lhe responderá e o livrará de todos os seus temores.

Palavras o vento leva

Meus filhinhos, não amemos com palavras nem com a língua, mas por atos e em verdade (1Jo 3,18).

Amor não é apenas palavras, mas gestos concretos. As palavras são fáceis de pronunciar e de serem levadas pelo vento. Os gestos permanecem para sempre. Quando falamos que o amor é mais do que palavras, devemos saber que essa verdade existe em várias dimensões. Por exemplo, do que adianta inúmeras palavras ditas, se os gestos não condizem com elas?

Não adianta fazer belas poesias, por exemplo, para seu cônjuge, se na prática isso não for concretizado. É melhor evitar as palavras e praticar o amor. Outro fato interessante, seguindo esse mesmo raciocínio, é a própria questão da fé. A fé não é só palavra, a fé precisa ser vivida concretamente. De que adianta você ir à igreja multiplicar as palavras e louvores, se ao sair dali não os concretiza. Então, onde está a prática da fé?

Palavras o vento leva. É só observar os belos discursos usados hoje pelos políticos. Há excelentes discursos, bem elaborados pelos assessores, mas que, na prática, não dizem nada. A palavra deve ser acompanhada do ato. É preciso se calar e deixar os gestos falarem. É como diz o pensamento: "Os ignorantes estão sempre gritando, os intelectuais médios falam, o sábio fica sempre calado". Isso acontece porque os sábios sabem que o mais importante não são as palavras, mas os atos e as atitudes praticadas.

O gesto de um amigo, namorado ou esposo que, ao voltar de uma viagem, ao invés de ficar relatando tudo que aconteceu, traz um presente para você e diz: "Olha, trouxe porque me lembrei de você", representa todo o amor que ele sente! Precisamos viver com base no amor, não só nas palavras.

Vamos concluir esta reflexão com o texto de Filipenses 4,8-9: "Além disso, irmãos, tudo que é verdadeiro, tudo que é nobre, tudo que é justo, tudo que é puro, tudo que é amável, tudo que é de boa fama, tudo que é virtuoso e louvável, eis o que deve ocupar os vossos pensamentos. O que aprendestes, recebestes, ouvistes e observastes em mim, isto praticai, e o Deus da paz estará convosco".

Esteja aberto para as mudanças em sua vida

... em tudo nos recomendamos como ministros de Deus ... pela sinceridade, conhecimento, paciência, bondade; pelo Espírito Santo, pelo amor sincero (2Cor 6,4-6).

Ninguém é perfeito! Nesta vida estamos apenas de passagem, portanto, a cada dia precisamos no esforçar para fazer dessa passagem algo de especial, nem que para isso tenhamos que efetuar pequenas modificações no nosso modo de pensar e de nos comportarmos.

Diariamente aprendemos algo diferente. E precisamos estar abertos às mudanças e ouvirmos o que as pessoas têm a nos dizer. Na maioria das vezes nos fechamos "no nosso mundo" e trancamos as portas da nossa casa e da nossa vida. Mas as portas ficam mais bonitas quando estão abertas, pois, dessa forma, estamos dando sinais de que o outro é bem-vindo.

Esteja aberto para ouvir o outro, abra as portas de seu coração e dê oportunidade para o novo e para as renovações que precisam acontecer em sua vida.

O Papa João XXIII, no ano de 1962, convocou o Concílio Vaticano II, e as pessoas se perguntaram se ele não estava sendo precipitado. Ele respondeu que não! E disse:

"Precisamos abrir as portas e as janelas para o vento entrar, para que esse vento nos traga mais vida, mais serenidade". Estando abertos aos outros, nós poderemos entrar em contato com coisas que façam de nós pessoas mais sensíveis. O importante é não nos fecharmos, e, sim, sabermos abrir as portas do nosso coração, sendo sensíveis às renovações e às mudanças.

Não seja alguém eternamente amargurado e triste. Existem famílias que não se falam e que vivem agredindo-se. Portanto, acalme seu coração! E pare um pouco para refletir sobre tudo isso. Busque a Deus! E escute o que ele tem a dizer. Não pense que você está sempre com razão. Existem pessoas a seu redor que precisam de você! Será que você quer ser como os pássaros que voam e não deixam marcas? Porque os pássaros não deixam marcas, eles apenas voam. Então, deixe boas recordações, para que as pessoas se lembrem de você como alguém solidário, que soube escutar e compartilhar as coisas boas ensinadas por Deus.

Que Deus Pai o ilumine e que você abra a porta do seu coração para Jesus entrar e fazer morada. "Eis que estou à porta, e bato; se alguém ouvir a minha voz, e abrir a porta, entrarei em sua casa, e com ele cearei, e ele comigo" (Ap 3,20).

Alegrai-vos sempre no Senhor

Tua caridade me trouxe grande alegria e conforto, porque os corações dos santos encontraram alívio por teu intermédio, irmão (Fm 1,7).

O ser humano está sempre em busca de alegria e realização. Mas, algumas vezes, se depara com realidades tristes, notícias que o pegam de surpresa, deixando-o totalmente sem rumo: uma doença grave ou morte de alguém que amamos, demissão no trabalho, envolvimento dos filhos com drogas, separação conjugal e tantos outros problemas que não conseguimos compreender de onde surgiram.

A Palavra de Deus diz: "Alegrai-vos sempre no Senhor, repito: alegrai-vos!" (Fl 4,4). E a Palavra nos diz ainda: "Não vos inquieteis com nada! Em todas as circunstâncias apresentai a Deus as vossas preocupações, mediante a oração, as súplicas e a ação de graças. E a paz de Deus, que excede toda a inteligência, haverá de guardar vossos corações e vossos pensamentos, em Cristo Jesus" (Fl 4:6-7).

Não nos entristeçamos e confiemos sempre no Senhor. Quando Maria visitou a sua prima Santa Isabel, ela lhe falou: "pois assim que a voz de tua saudação chegou aos meus ouvidos, a criança estremeceu de alegria em meu seio" (Lc 1,44). Maria levou alegria para aquela casa e para aquela família. É esse tipo de alegria que devemos levar ao visitarmos as pessoas. Uma alegria verdadeira que vem do fundo do nosso coração, a ponto de contagiar todos à nossa volta.

Dependendo de como se encontra a sua vida, de como ela se encaminha, você saberá se terá motivos para tristeza ou alegria. Tudo dependerá das atitudes que costuma ter dentro ou fora da sua casa. Ninguém pode agir de um jeito em casa e de outro no local de trabalho. Se você é um bom filho, um bom pai, uma boa mãe... no seu ambiente de trabalho também será um bom colega, um bom patrão. Agora, se tem uma atitude contrária a essa que acabei de descrever, dificilmente será alguém agradável, alguém que irradia alegria nos ambientes que frequenta. Um coração alegre é mais forte, mais preparado para enfrentar os desafios da vida. Mesmo que passemos momentos difíceis, podemos experimentar a alegria maravilhosa de Deus. É impossível não sentir alegria se olharmos para o grande e perfeito amor de Deus por nós. Será que existe uma alegria maior do que sentir-se amado por alguém? E o que dizer do amor de Deus por cada um de nós, diante desta afirmação: "antes que no seio fosse formado, eu já te conhecia e amava" (Jr 1,5).

Que o Deus da esperança o encha de toda paz e alegria; esta não é uma alegria qualquer, mas a alegria de se sentir amado por um Deus que foi capaz de morrer na cruz por você.

Bem-aventurados os que promovem a paz

*Bem-aventurados os pacíficos,
porque serão chamados filhos de Deus (Mt 5,9).*

Hoje em dia, ao assistirmos à televisão ou ouvirmos o rádio, percebemos que os programas na grande maioria só dão ênfase a noticiários de violência. Esses programas são mais atrativos para as emissoras porque geram audiência. São tantas notícias tristes, que nos tiram a paz. Toda essa violência é, sobretudo, sintoma da falta de Deus no coração e na mente das pessoas. Precisamos de paz, precisamos parar com essa guerra que mata, que destrói e que nos tira o sono. Não entendo por que as pessoas, as cidades, os países e o mundo discutem, apresentam projetos para construir a paz, mas essa paz nunca chega. Uma coisa é certa: a paz só chegará quando todos forem promotores dela. Não adianta falar de paz; é necessário fazê-la acontecer.

"Bem-aventurados os que promovem a paz, porque serão chamados filhos de Deus" (Mt 5,9). Nós, que professamos a fé em Jesus Cristo, nosso Salvador, somos chamados a ser promotores da paz. O Papa Francisco, com a diplomacia da Santa Sé, está tentando intermediar o diálogo com alguns países em conflitos, para que se encontrem meios de estabelecer a tão sonhada paz. Sentimos, cada vez mais, a urgência da afirmação de uma cultura da vida, com os valores de Deus, para que a moral, com base nos princípios e valores religiosos, possa nos dar uma consciência de maior amor à vida, de mútuo respeito e de dignidade da pessoa humana.

"Eu lhes disse essas coisas para que em mim vocês tenham paz. Neste mundo vocês terão aflições; contudo, tenham ânimo! Eu venci o mundo" (Jo 16,33). Diz o filósofo Espinoza: "A paz não é ausência de guerra; é uma virtude, um estado mental, uma disposição para a benevolência, confiança e justiça". A paz é dom de Deus, porque quem está em paz com Deus procura ficar em harmonia com seus irmãos.

O Deus que nós seguimos é o Deus da paz. Quando vemos guerras por todos os lados e até mesmo dentro das religiões, nosso coração se entristece e fica profundamente abalado. Aqui me refiro ao fanatismo religioso que leva à calúnia e à perseguição. Precisamos aprender que a paz nasce do respeito para com o outro. Temos que ser convictos da nossa fé e defender a Igreja, mas precisamos aprender, principalmente, que devemos respeitar os outros dentro e fora da Igreja. Porque queremos a paz! "Bem-aventurados aqueles que promovem a paz", diz a Palavra do Senhor.

Que cada um pense qual contribuição pode dar em prol da paz no mundo. Não espere que a paz chegue à sua casa, não espere que a paz aconteça no seu bairro, seja você promotor e instrumento dela.

Tenha fé! Você tem direito de reafirmar as suas convicções. Desejo-lhe paz e tenho certeza de que você também deseja presenciar a harmonia na sua vida, na sua casa, no seu trabalho e na sua cidade. Não é possível ser feliz, se você é semeador de discórdia, se não sabe conversar nem respeitar os outros. Seja promotor da paz! "Triunfe em vosso coração a paz de Cristo, para a qual fostes chamados a fim de formar um único corpo. E sede agradecidos" (Cl 3,15).

Ele enxugará toda a lágrima de seus olhos

Bendito seja Deus, o Pai de nosso Senhor Jesus Cristo, o Pai das misericórdias, Deus de toda a consolação (2Cor 1,3).

Deus é bom e misericordioso. Ele é o Deus de toda consolação e somente nele vamos encontrar o conforto e a ajuda necessários para sanar nossas dores e sofrimentos. "Ele enxugará toda a lágrima de seus olhos e já não haverá morte, nem luto, nem grito, nem dor..." (Ap 21,4).

Existem dias em que parece que tudo está desandando em nossa vida. Sentimo-nos como se estivéssemos chegando ao fundo do poço. Nessas horas precisamos de um ombro amigo que nos escute e nos aconselhe com palavras de incentivo e apoio. Quem já não se sentiu assim? Creio que todo mundo já passou por momentos como esse. A vida é cheia de altos e baixos. Há dias em que nos sentimos vitoriosos, mas há outros em que nos sentimos derrotados. Nessas horas, somente Deus para nos consolar e nos curar de toda angústia. Ele é o nosso refúgio e tem o poder de transformar qualquer situação e ser o nosso protetor diante dos perigos da vida. "Deus é o nosso refúgio e nossa força; mostrou-se nosso amparo nas tribulações. Por isso, a terra pode tremer nada tememos: as próprias montanhas podem se afundar nos mares. Ainda que as águas tumultuem e estuem e venham abalar os montes, está conosco o Senhor dos exércitos, nosso protetor é o Deus de Jacó" (Sl 45,2-4).

Não tenha medo de se apresentar ao Senhor com as suas dores, lágrimas e sofrimentos. Todos aqueles que buscam conforto no Senhor, mesmo andando pelos vales e trevas da morte, não devem temer, pois o Senhor estará ao seu lado e ouvirá as suas orações, e enxugará as suas lágrimas e curará as suas feridas. No Salmo 140, encontramos Davi, que eleva as suas preces ao Senhor num momento de grande tribulação: "Senhor, eu vos chamo, vinde logo em meu socorro, escutai a minha voz quando vos invoco. Que minha oração suba até vós como a fumaça do incenso; que minhas mãos estendidas para vós sejam como oferenda da tarde" (Sl 140,1-2).

Tudo passa e nós também passamos

E, entretanto, não sabeis o que acontecerá amanhã! Pois que é a vossa vida? Sois um vapor que aparece por um instante e depois se desvanece (Tg 4,14).

"Tudo passa e nós também passamos", diz o salmista. Às vezes, olhando o comportamento de algumas pessoas, percebemos que elas acreditam que vão viver eternamente. Nunca param para pensar que estão apenas de passagem por este mundo. A vida terrena é apenas uma ponte que nos leva para a vida eterna, onde não há sofrimento, vaidade, injustiça nem dor.

Às vezes, é necessário parar um pouco para refletir sobre o sentido da vida. Devemos nos perguntar: o que é a vida? Para que ela serve? Qual o sentido que estamos dando a ela?

É triste ver alguém numa sala de espera de um consultório médico sem esperança, achando que a sua doença é incurável. Ter uma vida sem esperança é não viver. É ter uma vida inútil, uma morte prematura. Por isso, acredite! Tenha fé e procure viver de tal modo que, quando chegar o dia de sua partida, não sinta vergonha, pelo contrário, que possa sentir-se satisfeito de ter vivido plenamente os seus dias na terra.

O êxito na vida não se mede pelos bens materiais conquistados. Dinheiro, prazer, nada disso importa. A vida é o preenchimento de um lugar, é descobrir qual é o seu papel na família, na sociedade e na comunidade. É descobrir a contribuição que você vai deixar para o bem comum das pessoas.

Quando você descobrir o que é realmente essencial na vida, o que de bom está fazendo com ela, qual o mal que precisa urgentemente evitar, qual o perdão a dar, qual atitude reparar, qual alegria favorecer, qual amor verdadeiramente amar, o seu coração se encherá de alegria e você começará a deixar de pensar somente em si mesmo, para pensar no outro, pois, rapidamente "tudo passa e nós também passamos".

A tua palavra é luz que ilumina meus passos

O espírito é que vivifica, a carne de nada serve. As palavras que vos tenho dito são espírito e vida (Jo 6,63).

As Sagradas Escrituras são a Palavra de Deus dirigida a todos os homens. Não é um livro qualquer, mas a Palavra de Deus! Não pode ser lida e utilizada a nosso bel-prazer, de forma a aceitarmos só o que nos agrada e desprezarmos o restante. Não se pode escolher páginas ou frases da Palavra de Deus, pois ela tem que ser lida na sua totalidade.

É assustador observarmos algumas pessoas pregarem os textos bíblicos isoladamente, para justificar seus argumentos. Elas escolhem as "tirinhas", esquecendo-se do contexto em que a mensagem foi escrita. Ao ler a Palavra, ao dar-lhe uma interpretação, precisamos ver o texto no seu contexto, ou seja, não podemos simplesmente extrair um versículo, isoladamente, porque o que está escrito precisa ser entendido de acordo com os fatos.

Sabemos que as Sagradas Escrituras devem ser lidas e contextualizadas. A Palavra de Deus não é algo que foi dito somente para quem viveu dois mil anos atrás, ela permanece atual e continuará fazendo parte de nossa vida até a consumação dos tempos. A Palavra de Deus também não pode ser algo enfadonho, pesado. Às vezes, nos assustamos com a sensação de que até mesmo aqueles que vivem a Palavra são pessoas estranhas.

O Papa Francisco escreveu um documento chamado *A alegria do Evangelho* (Exortação Apostólica *Evangelii Gaudium*). Nele, o papa questiona: que alegria vamos encontrar lendo e pregando a Palavra de Deus? E a resposta seria: esperança e ânimo. Portanto, se em algum momento você se sentir desanimado, cansado e triste, busque a alegria na Palavra de Deus.

Devemos tomar consciência da importância da Palavra de Deus, sobre como vamos lê-la e como ela está sendo utilizada. Alguns a usam de má-fé, pregando-a com o único objetivo de conquistar adeptos. A Palavra tem que mudar não só a minha vida, mas também a vida dos outros, pois ela é Palavra de vida, de fé, de esperança, e não uma palavra que só traz benefícios ao pregador. Isso é triste! É vergonhoso usar a Palavra de Deus, usar o Evangelho para interesse próprio.

O homem de Deus deve pregar aquilo que diz a Palavra, agradando ou não a quem a escuta, porque é uma palavra que propõe mudanças, que propõe conversão. É uma palavra que muitas vezes dói e incomoda. Alguns pregadores não usam determinados textos para não se incomodarem ou não incomodarem os fiéis que são bons "pagadores do dízimo". Eles não têm interesse de que aquele fiel se apresente diante de Deus e se converta, mas apenas de que seja adepto do seu grupo religioso e contribua financeiramente.

Ainda que a Palavra esteja sendo usada de maneira inapropriada, ela sempre voltará igual e ilesa. Afinal, Jesus disse: "Passará o céu e a terra, mas as minhas palavras não passarão" (Mc 13,31).

Que a Palavra de Deus esteja sempre presente em nossa vida, guiando os nossos passos, como diz o salmista: "Vossa Palavra é um facho que ilumina meus passos, uma luz em meu caminho" (Sl 118,105).

A desculpa é uma maneira discreta de dizer não!

E começaram todos, um a um, a se desculparem (Lc 14,18).

O versículo da epígrafe faz parte de uma parábola em que Jesus quer ilustrar que muitos são os convidados e poucos os escolhidos. Ela nos conta a história de alguém que preparou uma bela festa e enviou empregados para avisar aos convidados que tudo estava pronto e esperando por eles. Mas os convidados, um após o outro, foram apresentando desculpas: um tinha comprado terra, outro bois, outro tinha acabado de se casar.

Podemos perceber em nossa vida que sempre somos muito hábeis em achar desculpas para não cumprir nossos compromissos. A desculpa é uma maneira discreta de dizer não, quando seria mais decente declarar que temos preferências, julgadas mais importantes, que nos impedem de aceitar o convite. Por não termos coragem de assumir e sustentar a nossa posição, escondemo-nos atrás de justificativas. Com elas, pretendemos explicar-nos perante os outros. Mas, ao fazer isso, acabamos por enganar a nós mesmos. Virá um dia em que Deus não mais aceitará nossas desculpas. Somos responsáveis por tudo o que fazemos ou deixamos de fazer. Há uma lógica inflexível entre o que semeamos e o que vamos colher. A semente é a escolha, a colheita é o seu fruto.

Agora faça você mesmo uma reflexão sobre os inúmeros convites que já recebeu para participar mais ativamente da vida da comunidade e de suas celebrações. Examine com que frequência vai à igreja e quanto tempo reserva para orar em companhia do Senhor. Organize-se para não dar desculpas quando for convidado.

A Palavra de Deus afirma: "tudo na vida tem um tempo: tempo para plantar, colher, sorrir, chorar". Não é possível, portanto, que você não tenha tempo para Deus e para o outro. Não fique eternamente inventando pretextos. É necessário lembrar que um dia Deus vai pedir contas do que fez e, então, terá de declarar o que considerou ter mais valor para você. Se o seu trabalho for mais importante que o próprio Deus, tome cuidado. Faça uma avaliação de como ocupa o seu tempo, do que é fundamental na sua vida.

Não seja como muitos que vivem procurando desculpas para se justificar perante sua família, seu trabalho e até mesmo perante Deus. Assuma aquilo que é concretamente possível. Na maioria das vezes, com as justificativas, estamos enganando não só os outros, mas a nós mesmos!

Que Deus Pai, Todo-Poderoso, possa ajudá-lo a assumir os compromissos e a colocar cada coisa no seu devido lugar, inclusive a reservar um tempo para Deus.

Deus nos modela como um escultor

*Sendo ele de condição divina,
não se prevaleceu de sua igualdade com Deus,
mas aniquilou-se a si mesmo,
assumindo a condição de escravo
e assemelhando-se aos homens.
E, sendo exteriormente reconhecido como homem,
humilhou-se ainda mais, tornando-se obediente
até a morte, e morte de cruz (Fl 2,6-8).*

O sofrimento faz parte da vida de todo ser humano. Quer você queira, quer não, um dia ele chegará a sua porta, a sua casa, a sua vida. O que precisamos é aprender que, quando o sofrimento chegar, não devemos entrar em desespero. "Deus nos faz com o sofrimento, modela-nos como um escultor, dá-nos a qualidade de um verdadeiro homem ou mulher, de um verdadeiro filho de Deus. A cruz – poderíamos dizer – é a grande ferramenta formativa de Deus."

Certo dia, retornando de uma celebração, escutei a sirene de uma ambulância que vinha em alta velocidade. Fiquei pensando sobre a questão do sofrimento, sobre a morte e quem estaria naquela ambulância. Aproveitei o momento e elevei uma prece a Deus para que tivesse misericórdia daquela pessoa, pois, se a ambulância estava apressada, era porque ali se encontrava uma vida humana precisando de atendimento médico e das bênçãos de Deus. Ao mesmo tempo que rezei e clamei a Deus, pensei também na minha própria vida e agradeci ao Senhor pela saúde e pelas bênçãos que tenho recebido.

O próprio Jesus padeceu na cruz para nos salvar. Foi preciso que o Filho de Deus passasse por esse momento para poder chegar à vitória. Precisamos refletir sobre tudo isso e pensar em ser solidários com as pessoas que sofrem, pois não existe padecimento maior do que não ter a quem recorrer. Então, ao mesmo tempo que agradecemos a Deus pela saúde que temos, nós não podemos ser insensíveis aos sofrimentos dos outros, seja diante de uma ambulância que passa, seja diante de alguém da nossa família. Ao presenciar o sofrimento alheio, somos convidados a refletir e ser solidários, além de entregar essas situações a Deus, para que ele possa iluminar a nós e, também, a quem esteja precisando de luz.

Sabemos o que Jesus sofreu na cruz, então, nós, cristãos, devemos tomar isso como exemplo para ter coragem e serenidade de encarar a dor, sem entrar em desespero. Deveríamos entender que "a dor é o martelar do Artista, que quer fazer de cada um, dessa massa informe que nós somos, um crucifixo, um Cristo, o *alter Christus* (o outro Cristo) que temos que ser". É preciso confiar em Deus e dizer: "Pai, em tuas mãos entrego o meu espírito" (Lc 23,46). Seja qual for seu sofrimento, confie nele e lembre-se de sua promessa: "Eu estarei com vocês todos os dias, até a consumação dos tempos" (Mt 28,20).

Buscando progredir na fé

Tu, portanto, meu filho, procura progredir na graça de Jesus Cristo (2Tm 2,1).

Progredir, crescer e se desenvolver é um desejo presente no coração e na mente de todos. Isso significa, no caminhar do dia a dia, a busca do novo. Tudo isso não deve ser pensado somente na dimensão material, mas principalmente na dimensão espiritual. Progredir na fé, no conhecimento das Sagradas Escrituras, na justiça, no amor e no perdão. Se é rancoroso, por exemplo, e não consegue mudar de atitude, você ficará no meio do caminho, por isso é necessário deixar para trás tudo aquilo que o impede de progredir, de crescer na graça de Deus.

A caminhada que nos propomos fazer para que possamos progredir na graça de Deus é uma caminhada de transformação, pois, diariamente, ao despertar, iniciamos um novo dia com novas oportunidades. Esse é o pensamento que deve estar presente quando despertarmos: "Estou a caminho, preciso lutar, não posso ficar parado!". Quantos irmãos, ao longo da vida, desistem, ficam desanimados e se entregam? Levante-se! Não fique acomodado, porque essa luta não acontece somente na dimensão espiritual, mas em todas as dimensões da sua vida. Lute para dar melhores condições à sua família, lute por um trabalho melhor, lute para que os seus empreendimentos deem os resultados esperados.

A fé é a certeza daquilo que esperamos e a prova das coisas que não vemos. A busca do progredir deve estar sempre presente em nossas atitudes, e uma das maneiras de avançar em nossa caminhada espiritual é lendo a Bíblia ou um bom livro, participando de encontros etc. O importante é se atualizar, procurando crescer principalmente na caminhada da fé.

A Palavra de Deus permite que façamos uma avaliação de nossa vida, no sentido de revelar o que está acontecendo ou não. Se pararmos de progredir, de sonhar e deixarmos de lado os motivos que nos levaram a essa situação, veremos nossa vida estagnar-se e perder o sentido. O sonho, ao qual me refiro, não é aquele que ilude e aliena. Não é sonhar dormindo; é sonhar acordado, é lutar para a realização desse sonho. Não adianta ficar sonhando por um mundo melhor e não fazer nada para melhorá-lo. Você deve sonhar, mas tem que arregaçar as mangas e caminhar. Não deixe nada atrapalhar sua caminhada, estimule-se todos os dias, mesmo que bata o desânimo. Não tenha medo, pois precisamos nos desenvolver, crescer, para não ficar na mesmice.

Às vezes, passamos anos e anos sem ver uma pessoa e, quando a reencontramos, normalmente dizemos que ela não mudou nada. Diante desse tipo de situação, seria muito mais interessante se pudéssemos dizer o quanto ela cresceu, o quanto mudou para melhor. Dizer que ela não mudou nada, que está do mesmo jeito, significa afirmar que ela parou no tempo, não fez nada ou não se desenvolveu. E isso é algo muito triste para a vida de qualquer ser humano.

Que Deus Pai, Todo-Poderoso, abençoe a sua caminhada. Não pare, pois o Senhor está contigo. "Lembramos continuamente, diante de nosso Deus e Pai, o que vocês têm demonstrado: o trabalho que resulta da fé, o esforço motivado pelo amor e a perseverança proveniente da esperança em nosso Senhor Jesus Cristo" (1Ts 1,3).

Fonte da alegria

Quem beber da água que eu darei, nunca mais terá sede, porque a água que eu darei se tornará nele uma fonte de água jorrando para a vida eterna (Jo 4,14).

O desejo de todo ser humano é encontrar a paz e a verdadeira alegria. Como é bom encontrar uma pessoa realizada e feliz! Porém, nem todos conseguem aquilo que desejam, e acabam em um mundo de lamúrias e tristezas. Percebemos de longe quando uma pessoa está triste, pois ela fica com um semblante carregado, o ambiente em que ela se encontra fica tenso, o olhar se entrega à tristeza presente em seu coração. Isso acontece quando o ser humano deseja a alegria e não a consegue. É como se a alegria fosse algo inalcançável. Diante de tudo isso, nós, que servimos a Deus, ainda temos motivos para estarmos alegres, pois a alegria do Senhor é a nossa força! Temos em nosso coração esperança e também alegria de saber que, mesmo em momentos difíceis e desesperadores, o Senhor está conosco! Não há circunstância ou ocasião em que ele não esteja presente, iluminando a nossa vida com alegria!

A tristeza é própria da solidão, então, se você pensar somente em si, é porque quer permanecer triste. Pessoas que só focam em si mesmas são egocêntricas. Se pesquisarmos o significado da palavra egocentrismo, iremos encontrar explicações como: alguém que se refere a seu próprio eu, excesso de amor por si mesmo, desconsideração com os interesses alheios, egoísmo. Pessoas que vivem vinte e quatro horas pensando somente em si mesmas, em determinado momento perdem a alegria de viver.

Somos seres limitados e fracos. Ao pensarmos somente em nós mesmos, vamos descobrindo que somos cheios de fragilidades, defeitos e, aos poucos, vamos nos afundando em nossa pequenez. Então, quando penso em Deus, encontro razões sérias para alegrar o meu espírito, pois ele é bondade e amor. E o amor não vai transformar-se em alegria, se pensarmos somente em nós mesmos. O amor é algo mais abrangente e amplo. O amor é doação, é abster-se de si mesmo em prol do outro: "Porque Deus tanto amou o mundo que deu o seu Filho Unigênito, para que todo o que nele crer não pereça, mas tenha a vida eterna" (Jo 3,16).

Neste mundo estamos apenas de passagem, mas, mesmo de passagem, somos importantes para Deus. Então, se somos importantes para ele, devemos também sê-lo para o outro. É uma alegria saber que alguém pensou em nós, que alguém sentiu saudade e nos escreveu. Agora, imagine saber de Deus que você é amado por ele? A fonte de toda a alegria jorra de Deus. Aquele que está longe de Deus, aquele que se distanciou do Pai, não terá a fonte da alegria verdadeira.

Quando me encontro com Deus, sinto o seu poder em minha vida. Mesmo diante dos fracassos e decepções, levanto a cabeça e sigo em frente com serenidade e tranquilidade, pois sei que ele está comigo, me amparando e reconfortando.

Portanto, "deem graças ao Senhor, porque ele é bom. O seu amor dura para sempre!" (Sl 136,10). Que Deus Pai, Todo-Poderoso, abençoe e tire de você toda tristeza, todo egoísmo, tornando-o uma pessoa de luz, que vai ao encontro de Deus e do irmão mais necessitado. Fonte de toda a alegria!

Colaborando com os milagres de Deus

Está aqui um menino que tem cinco pães de cevada e dois peixes... (Jo 6,9).

Quantas pessoas me procuram em busca de uma solução para seus problemas, desejando ardentemente um milagre, mas sem querer mover uma palha para que isso aconteça em sua vida. Em um artigo, citei o exemplo de um jovem que desejava passar no vestibular e levava a caneta que ele iria utilizar nas provas para que o padre benzesse. Será que só isso seria suficiente para que Deus realizasse o milagre para ele? Não! O que faria a diferença seria ele ter estudado, se dedicado com afinco dia e noite para o grande dia. E Jesus, ao ver seu esforço, operaria o milagre tão desejado em sua vida. Portanto, Deus fez, Deus faz e com a nossa ajuda continuará fazendo milagres ainda maiores.

Quantos milagres foram realizados por Jesus quando esteve entre nós! Até hoje presenciamos diariamente mais e mais milagres acontecendo em nossa vida. Ele quer agir, quer fazer algo por nós, porém, é necessário que estejamos abertos para colaborar com os milagres que desejamos e necessitamos.

No Evangelho de João 6,9, encontramos a narração da multiplicação dos pães, que diz: "Está aqui um menino com cinco pães de cevada e dois peixes. Mas que é isso para tanta gente?". Não vamos refletir sobre a multiplicação dos pães, mas sobre a participação desse menino no milagre. Jesus tem a sua frente uma multidão, são cinco mil homens, sem contar as mulheres e crianças. Dentre essa multidão, uma pessoa – um menino – tem cinco pães e dois peixes. Quando André fala a Jesus "está aqui um menino com cinco pães...", tem-se a impressão de que esse menino já se tinha apresentado aos discípulos. Quem era esse menino? De onde ele veio? André deve ter investigado antes para saber quem dispunha de comida e, ao se aproximar desse menino, ele deve ter dito a André: "Eu tenho cinco pães e dois peixes". E quem era a mãe desse menino, onde ela estava? Você, que é mãe, o que imagina? Fico pensando que aquela mãe e o menino já tinham ouvido falar de Jesus. Essa mãe tinha o desejo de que seu filho fosse ao encontro do Mestre e preparou, para que ele pudesse levar, uma boa refeição. Ela deve ter dado uma boa educação a seu filho, preocupando-se com que ele tivesse bons mestres, a ponto de enviá-lo para escutar Jesus.

Outro detalhe dessa narração é o que menino disse: "eu tenho aqui". Jesus fez o milagre com a colaboração daquele menino que colocou o que tinha à disposição: "cinco pães e dois peixes".

Podemos afirmar que o milagre da multiplicação dos pães contou com a colaboração de três pessoas: André, o menino e sua mãe. Lembremos a nossa frase: Deus fez,

Deus faz e com a nossa ajuda continuará fazendo milagres ainda maiores. Naquele dia Jesus multiplicou os pães para alimentar cinco mil homens, sem contar as mulheres e as crianças; graças à colaboração dessas três pessoas. A mãe colaborou com o milagre, ao levantar-se cedo e preparar os pães e os peixes para o seu filho levar; André ajudou, ao sair à procura de alguém no meio da multidão que tivesse algo para dar de comer a toda aquela gente; e o menino, ao oferecer o pouco que tinha em prol da coletividade. Esse foi um dos maiores milagres já operados por Jesus: "a multiplicação dos pães". Tal milagre só foi possível porque as pessoas contribuíram, se disponibilizaram para que o milagre acontecesse.

Portanto, se você clama a Deus para que um milagre aconteça na sua vida, o conselho que lhe dou é: faça a sua parte, corra atrás. Diga ao Senhor: "Faça um milagre em mim, envia o seu Espírito de fortaleza, para que eu lute e saia vencedor, envia teu espírito de sabedoria, para que eu saiba encontrar uma saída, envia teu espírito de ânimo, para que eu continue lutando e seja merecedor dos seus milagres em minha vida".

Busque a sabedoria que vem de Deus

Se alguém de vós necessita de sabedoria, peça-a a Deus, que a todos dá liberalmente, com simplicidade e sem recriminação, e ser-lhe-á dada (Tg 1,5).

Por mais que nos esforcemos, nos consideramos menos sábios do que gostaríamos, a não ser que sejamos prepotentes. O próprio filósofo Sócrates dizia: "só sei que nada sei", ou seja, mesmo tendo consciência de sua sabedoria, ele reconhecia seus limites. A Palavra de Deus, em Eclesiastes 7,12, nos diz: "a sabedoria oferece proteção, como o faz o dinheiro, mas a vantagem do conhecimento é esta: a sabedoria preserva a vida de quem a possui".

Todos os dias tomamos decisões, e precisamos da sabedoria que vem do alto para decidir que caminho seguir, que posição tomar. Ficamos carregados com um turbilhão de atividades e responsabilidades que nos deixam sufocados.

A luta maior é encontrar sabiamente respostas adequadas para cada situação. E, na busca por respostas, nos deparamos com os "conselheiros de plantão" que prometem soluções rápidas e uma série de benefícios. Também encontramos edições e mais edições de livros de autoajuda que trazem resposta para tudo. Sabemos que os problemas da vida não se resolvem com um simples passe de mágica. Provérbios 3,7 diz: "não podemos ser sábios aos nossos próprios olhos, mas devemos temer o Senhor e evitar o mal".

Talvez a primeira coisa a fazer seja desacelerar e lembrar que, diante da nossa situação atual, a melhor e mais acertada das soluções é buscar a sabedoria de Deus. Tiago 1,5 diz: "se algum de vocês tem falta de sabedoria, peça-a a Deus, que a todos dá livremente, de boa vontade, e lhe será concedida".

A sabedoria que vem de Deus não é a mesma que se adquire na faculdade ou nos livros. "A sabedoria que vem do alto é antes de tudo pura; depois, pacífica, amável, compreensiva, cheia de misericórdia e de bons frutos, imparcial e sincera" (Tg 3,17).

Viver em harmonia

> *Rogo-vos, irmãos,*
> *em nome de nosso Senhor Jesus Cristo,*
> *que todos estejais em pleno acordo*
> *e que não haja entre vós divisões.*
> *Vivei em boa harmonia, no mesmo espírito*
> *e no mesmo sentimento (1Cor 1,10).*

Somos convocados a viver em harmonia, ou seja, de bem com todos. Não temos o direito de julgar ou condenar os outros simplesmente por não compartilhar de nossos valores e de nossa fé. A Palavra de Deus nos diz: "Por isso, renunciai à mentira. Fale cada um a seu próximo a verdade, pois somos membros uns dos outros. Mesmo em cólera, não pequeis. Não se ponha o sol sobre o vosso ressentimento. Não deis lugar ao demônio" (Ef 4,25-27).

Mesmo que tenhamos pensamentos diferentes, não podemos viver brigando. É muito triste ver cristãos em desarmonia. Através do Movimento Ecumênico, a Igreja busca a aproximação, a cooperação, a fraternidade e a superação das divisões entre as diferentes Igrejas cristãs. Um só rebanho e um só pastor. Eis a vontade de Deus.

A união dos cristãos tem que ser de coração e de espírito. Devemos manter o respeito uns com os outros, sem julgar ou condenar. Como podemos dizer que somos cristãos, se não respeitamos uns aos outros? A Igreja prega o respeito e o diálogo religioso, assim como o relacionamento respeitoso e construtivo com todas as forças da sociedade civil. Mas isso não significa que vamos concordar com tudo que se diz e prega; devemos respeitar, mas também manter a fé na nossa Igreja.

Que o Senhor possa nos ajudar a reafirmar nossa fé, nossas convicções e o nosso respeito para com o outro que professa uma fé diferente. Que Deus Pai, Todo-Poderoso, nos abençoe, nos proteja e nos ajude a dar passos rumo à unidade. "Que todos sejam um, para que o mundo creia" (Jo 17,21).

Nada se consegue sem sacrifícios

Referi-vos essas coisas para que tenhais a paz em mim.
No mundo haveis de ter aflições. Coragem!
Eu venci o mundo (Jo 16,33).

Querer algo sem que isso custe sacrifícios é o desejo de muitos. Não há vitória sem luta e também não há conquistas sem batalhas. É preciso lutar, batalhar, mas não se pode confiar apenas em si mesmo, "pois o Senhor, o seu Deus, os acompanhará e lutará por vocês contra os seus inimigos, para lhes dar a vitória" (Dt 20,4).

A Palavra de Deus nos diz: "Coragem! Eu venci o mundo". O Senhor venceu o mundo pelo sacrifício na cruz. Sei que alguns grupos religiosos não gostam da cruz, mas a vitória passou pela cruz e a nossa salvação também vem dela. Como você deseja a vitória e o sucesso, se não quer pagar o preço? "Não te deixes vencer pelo mal, mas vence o mal com o bem" (Rm 12,21). "Ao vencedor darei o direito de comer da árvore da vida, que está no paraíso de Deus" (Ap 2,7).

Devemos tirar lições com os nossos próprios erros, "hoje mais do que ontem e menos que amanhã". Na vida nada se faz sem sacrifícios e nada se consegue sem esforço. Querer ser herói, ser santo, ser respeitado, sem esforço, é em vão. Ninguém jamais conseguirá isso.

Assim como o aço deve ser temperado e o ouro purificado no crisol, o homem deve redimir-se com sacrifício. Só alcançaremos a santidade depois de vencermos inúmeras tentações. Não desanime, se ainda não se sente perfeito como gostaria de ser, a única coisa a fazer é continuar se empenhando, redobrando seus esforços e tendo fé.

Sem sacrifícios não conseguimos nada. Tudo tem um preço. O próprio músico, ao se apresentar para tocar seu instrumento, também paga um preço. Ele recebe aplausos, mas, para obter sucesso, precisa vencer suas dificuldades. Não se consegue nada sem sacrifício, principalmente se não se quer pagar o preço pela vitória, ou seja, enfrentar os obstáculos na busca de obter êxito em seus projetos.

Escute a voz de Deus pela oração

Naqueles dias, Jesus retirou-se a uma montanha para rezar, e passou aí toda a noite orando a Deus (Lc 6,12).

Ao longo de seu ministério, Jesus precisou tomar grandes decisões e, em todas elas, ele sempre se retirava para momentos de oração. Isso aconteceu, inclusive, quando ele, diante dos setenta e dois discípulos, teve que escolher apenas doze. Sabemos que a sua escolha foi importante, porque o grupo escolhido pôde levar o seu projeto avante, e por isso até hoje estamos professando a mesma fé. Sobre a escolha dos doze, não podemos ter dúvidas de ter sido uma das maiores decisões a serem tomadas, após uma noite inteira de oração. Ou seja, não foi uma decisão repentina, mas pensada a partir da vontade de Deus.

Antes de tomarmos qualquer decisão em nossa vida, precisamos ser perseverantes na oração, isto é, orarmos sem esmorecer, sem cansar e sem retroceder. Não podemos fazer as coisas de forma precipitada, levados pelo calor das emoções. Devemos colocar-nos diante Deus para obter direção, saber o que fazer e qual caminho tomar.

No lugar de perder noites de sonos em festas e baladas, faça uma experiência com Deus. Reflita sobre o que o Senhor quer de você. Peça luz e ore para que ele envie o espírito de sabedoria para ajudá-lo a decidir o mais corretamente possível. Experimente a prática saudável que é a oração. Siga o exemplo de Jesus, que se retirou para uma montanha e lá passou a noite em profunda oração, antes de escolher os seus discípulos.

A Palavra de Deus, em Marcos 11,2, diz: "Tudo o que pedirdes na oração, crede que o tendes recebido, e vos será dado". Portanto, diante de grandes decisões na vida, quando se encontrar numa encruzilhada e tiver que refletir sobre algo muito importante, não se precipite, mas, sim, retire-se em oração, e o espírito de sabedoria o iluminará, mostrando a você qual a resolução mais acertada.

Levanta-te, tens um longo caminho a percorrer

"Basta, Senhor", disse ele; "tirai-me a vida, porque não sou melhor do que meus pais!" (1Rs 19,4).

"E andou pelo deserto um dia de caminho. Sentou-se debaixo de um junípero e desejou a morte: 'Basta, Senhor', disse ele; 'tirai-me a vida, porque não sou melhor do que meus pais'. Deitou-se por terra, e adormeceu debaixo do junípero. Mas eis que um anjo tocou-o, e disse: 'Levanta-te e come'. Elias olhou e viu junto à sua cabeça um pão cozido debaixo da cinza, e um vaso de água. Comeu, bebeu e tornou a dormir. Veio o anjo do Senhor uma segunda vez, tocou-o e disse: 'Levanta-te e come, porque tens um longo caminho a percorrer'" (1Rs 19,4-7).

A depressão perturba o ser humano, a ponto de deixá-lo totalmente confuso: a vontade que se tem, quando essa doença bate à porta, é de "cavar um poço e desaparecer". É isso mesmo que a depressão faz. Perde-se totalmente o desejo pela vida. Nesses momentos, somente Deus para nos dar o amparo necessário e a coragem para seguirmos em frente na busca do verdadeiro sentido da vida.

O ministério do profeta Elias havia sido marcado por profecias, milagres, desafios, experiências com Deus e muitas dificuldades. Dificuldades estas que o fizeram fugir e desejar a morte. Assim como o profeta Elias, também nós diariamente enfrentamos inúmeras situações que nos deixam desnorteados, sem saber que rumo tomar, a ponto de desejarmos desaparecer para sempre. Na verdade, não existem super-homens, e todos nós estamos sujeitos a fracassos e a devaneios, e é exatamente por isso que, depois de tantas experiências, Elias cai numa profunda depressão e pede para si a morte.

Quando o ser humano encontra um objetivo pelo qual lutar e viver, ele se mantém longe da depressão. Algumas coisas são fundamentais na nossa caminhada do dia a dia, pois são elas que nos fazem levar adiante os nossos objetivos e nos firmar em busca de nossos sonhos: a força, a fé e Deus. A força, para viver e lutar pelos sonhos e pelas vitórias; a fé, para fazer tudo se tornar possível; e Deus, para estar no controle de todas as coisas, fazendo o melhor.

O futuro de cada ser humano é incerto. A única certeza que temos ao nascer é a morte, que é o fim do ciclo da vida. Contudo, quando sabemos de onde viemos e para onde vamos, conseguimos suportar todos os sofrimentos, as perseguições, calúnias e traições. "Embora eu dê testemunho de mim mesmo, o meu testemunho é digno de fé, porque sei de onde vim e para onde vou; mas vós não sabeis de onde venho nem para onde vou" (Jo 8,14).

Quando o anjo tocou Elias, ele levantou-se, comeu o pão e caminhou quarenta dias e quarenta noites, até chegar ao Monte Horeb, a montanha de Deus. O que precisamos é nos alimentar de esperança, de sonhos e de novas perspectivas, acreditando sempre no Senhor e, assim, teremos forças para continuar caminhando rumo aos nossos objetivos.

"Bendito o homem que deposita a confiança no Senhor, e cuja esperança é o Senhor. Assemelha-se à árvore plantada perto da água, que estende as raízes para o arroio; se vier o calor, ela não temerá, e sua folhagem continuará verdejante; não a inquieta a seca de um ano, pois ela continua a produzir frutos" (Jr 17,7-8).

A vida tem fim e finalidade

Irmãos, não queremos que ignoreis coisa alguma a respeito dos mortos, para que não vos entristeçais, como os outros homens que não têm esperança. Se cremos que Jesus morreu e ressuscitou, cremos também que Deus levará com Jesus os que nele morreram (1Ts 4,13-14).

Você sabe qual é a utilidade de uma ponte? A ponte existe para servir de passagem de uma margem para outra. Assim também é a nossa vida, uma preparação para o outro lado da margem, a eternidade. A morte é uma realidade que devemos enfrentar, porque cedo ou tarde nos encontraremos com ela. É pensando na morte que encontramos sentido para vida.

Algum tempo atrás visitei alguns lugares que me fizeram refletir sobre o sentido da vida:

Igreja e Convento dos Capuchinhos, em Milão, Itália. Essa igreja foi entregue aos frades capuchinhos e, por mais incrível que isso possa parecer, ela foi construída com pedras de túmulos de um cemitério destruído na Segunda Guerra Mundial. Após a destruição, os frades, juntamente com o governo da época, como forma de homenagear os mortos, fizeram uma igreja e um convento (onde hoje residem os frades) com as pedras dos túmulos destruídos.

Na igreja, bem no centro dela, existe uma frase em latim: "MORITURI & MORTUIS" (Os que vão morrer para os que já morreram). Já no convento, em alguns quartos, encontramos algumas placas de mármore, com o nome de pessoas enterradas nesse cemitério. As construções da igreja e do convento não causam medo, mas nos levam a refletir sobre a realidade da morte.

Santuário de Santa Maria della Concezione dei Cappuccini na Via Veneto, em Roma, Itália. Foi construído por um cardeal capuchinho, Antônio Barberini, que era irmão do Papa Urbano VIII. Construída no século XVII, é dedicada à Imaculada Conceição de Maria. É uma igreja histórica, mas, sobretudo, conhecida devido ao cemitério que fica em seu subsolo, que contém os crânios e esqueletos de quase 4 mil frades capuchinhos enterrados entre 1528 e 1870.

Ao entrar no subsolo da igreja, você já toma um susto ao verificar sua decoração. Cada uma das capelas, no subsolo da igreja, recebe nomes bem apropriados como: Cripta dos Crânios, Cripta das Pélvis, Cripta das Tíbias, Cripta dos Fêmures e assim por diante. Frades capuchinhos mumificados, vestindo seus hábitos, repousam em nichos, deitados ou de pé, de cabeças baixas, como em oração, apoiados nas paredes. Assim que entramos nesse ambiente, que pode parecer um pouco macabro, logo na primeira capela, entre os milhares de ossos e corpos mumificados, vemos uma placa com uma frase: "Quello che voi siete noi eravamo; quello che noi siamo voi sarete" (Vocês são o que nós éramos; nós somos aquilo que vocês serão).

Em uma vista a essas capelas, é possível transformar a sensação mórbida dos primeiros minutos da experiência em uma chance de refletir sobre a vida e a morte, para uns, o fim da linha e, a outros, apenas a continuidade do ciclo da vida.

Entre os visitantes ilustres na cripta, estão o Marquês de Sade, que disse: "Nunca vi nada mais impressionante", e Friedrich Nietzsche, que, observando o momento de oração dos frades diante das criptas, teria dito: "Nunca tinha presenciado uma cena tão arrepiante e homens tão serenos".

Existia uma tradição e um ritual entre os frades ali residentes: todas as noites, após a oração, passavam com suas velas acesas em cada um desses ambientes para refletirem sobre a realidade que um dia todos deveriam enfrentar.

Nessa igreja também encontramos o túmulo do Cardeal Barberini, em cujo epitáfio se lê: "HIC IACET PULVIS CINIS ET NIHIL", que significa: "Aqui jaz pó, cinza e nada mais".

Portanto, o que somos hoje é o que seremos amanhã, e tudo isso deve estar presente em nossa mente. A vida só tem sentido quando nos leva para a eternidade. E ela tem fim e finalidade.

Novos desafios!

*Não se deixem vencer pelo mal,
mas vençam o mal com o bem (Rm 12,21).*

Diariamente nos deparamos com novos desafios que nos levam a novas realidades, muitas vezes repletas de incertezas e medo. É preciso, em todas as áreas, ter a coragem de mudar. Nada é mais inoportuno do que a estagnação.

Estamos a caminho, e não podemos parar, porque o futuro nos aguarda. Se uma coisa não está funcionando bem, é preciso ter coragem de mudar. É essencial ter a ousadia e a coragem de desafiar o que é tido como certo e de reinventar-nos sempre. Quem não se reinventa, acaba sendo reinventado à força. Nunca o mundo foi tão generoso com quem acerta e tão cruel com quem perde o bonde da história. É preciso estar atento o tempo todo. Viver ligado! Não assustado nem paranoico, mas alerta para saber quando as coisas estão saindo do rumo e exigindo uma correção da rota.

Quando os resultados não são os esperados, é hora de mudar. Muitas pessoas vivem iludidas, pensando que os resultados serão outros, ainda que nada de diferente seja feito. Vivem mergulhadas na "inércia", fazendo as mesmas coisas e esperando resultados distintos.

Quando as coisas não funcionam em nossa vida, é importante aprendermos a lição para não repetir os mesmos erros. Muitas pessoas insistem em comportamentos que não dão bons resultados e depois reclamam. Não percebem que reclamar é inútil e que a única saída é analisar a situação e buscar solucioná-la da melhor maneira possível.

Algumas vezes, quando falamos de sonhos, há sempre alguém que nos considera alienados. É conhecida a frase: "Você é do tamanho dos seus sonhos". Todos nós temos sonhos e algumas vezes, por um motivo ou por outro, não conseguimos realizá-los.

Quero lembrar que, caso os nossos sonhos não se realizem, não devemos mudá-los, mas buscar as transformações em nós, na nossa maneira de agir, verificando quais obstáculos estão nos impedindo de concretizá-los.

Quem desiste de um sonho, passa a viver abaixo do seu potencial e começa a murchar. Devemos manter os nossos objetivos e os nossos sonhos, analisar nossas ações, monitorar nossos resultados, corrigir a rota, até que as coisas passem a funcionar conforme desejamos.

Impresso na gráfica da
Pia Sociedade Filhas de São Paulo
Via Raposo Tavares, km 19,145
05577-300 - São Paulo, SP - Brasil - 2019